MEIN BRANDENBURG

Günter de Bruyn

MEIN BRANDENBURG

Fotos von
Barbara Klemm

NICOLAI

Die erste Fassung von *Mein Brandenburg* erschien 1993 im S. Fischer Verlag GmbH, Frankfurt am Main. Der hier vorliegende Band wurde überarbeitet, aktualisiert und durch weitere Texte und Bilder ergänzt.
Die Photographien auf den Seiten 127, 128, 132, 139, 144, und 149 wurden von Christian Borchert aufgenommen.

Grafische Gestaltung: Dieter Winzens
Lithographie: Bildpunkt, Berlin
Druck: Aumüller Druck, Regensburg
Bindung: Kunst- und Verlagsbuchbinderei, Leipzig

Printed in Germany
ISBN 3-87584-649-4

INHALT

VORWORT

Der Titel »Mein Brandenburg« soll keine anmaßende Besitzergreifung ausdrücken; er soll vielmehr als Liebeserklärung verstanden werden, gleichzeitig aber auch eine Einschränkung insofern bedeuten, als mit ihm nicht Umfassendes und Vollständiges gemeint ist, sondern nur jene landschaftlichen und historischen Bereiche, die der Verfasser als die eignen betrachtet. Das besitzanzeigende Fürwort meint also vor allem Erlebens-, Erinnerungs- und Wissensbesitz.

Die hier gesammelten Essays sind in den letzten Jahren zu unterschiedlichen Anlässen entstanden, die aber immer mit dem Leben und den Vorlieben des Verfassers zusammenhingen, deren Mittelpunkt, aller Ausschweifungen in die Ferne ungeachtet, die Mark Brandenburg war und blieb. Diese Neigung konnte lebenslang währen, weil sie an ihrem Gegenstand immer Neues (das auch Altes sein konnte) entdeckte, und weil sie in sich selbst wandelbar war. Liebe, die auf Stillstand beharrt, rostet bekanntlich; nur die sich erneuernde bleibt dauerhaft.

Nicht ohne die Hoffnung, das Erlebte und Erforschte dem Leser nacherlebbar machen zu können, wurden diese märkischen Betrachtungen niedergeschrieben. Noch besser wäre es freilich, man würde durch die Lektüre angeregt werden, die beschriebenen Städte und Dörfer, Bauten und Landschaften an Ort und Stelle selbst zu betrachten und in die Bücher der erwähnten Autoren wieder einmal hineinzusehen.

Nur weil Barbara Klemm sich bereit fand, ihre Bilder in die Nachbarschaft der Essays zu stellen und damit der Sprache auch die Anschauung beizugeben, ist der vorliegende Band möglich geworden. Herzlich sei ihr dafür gedankt.

Von dem 1993 im S. Fischer Verlag erschienenen Band gleichen Titels unterscheidet sich dieser nicht nur durch mehr Abbildungen und das größere Format, das den wunderbaren Fotos mehr Raum bietet, sondern auch durch einen aktualisierten und um zwei Essays vermehrten Text.

Havelberg war, neben Brandenburg, die erste deutsche Stadt auf märkischem Boden. Der auf einer Anhöhe stehende, ursprünglich romanische Dom wurde 1170 geweiht. Heute gehört die Stadt zum Land Sachsen-Anhalt.

MÄRKISCHE HEIDE, MÄRKISCHER SAND

Brandenburg – das kann sowohl die Stadt an der Havel als auch das Bundesland meinen, das inoffiziell auch die alte Bezeichnung Mark Brandenburg führt. Bewohnt wird das Land von den Märkern, die manche aber auch, wie die Bewohner der Stadt, Brandenburger nennen, doch sind letztere, also die Städter, als Landeskinder natürlich auch Märker, im Gegensatz zu den Neubrandenburgern, die weiter nördlich in Mecklenburg wohnen, und auch zu den Altmärkern westlich der Elbe, die zwar die ersten Märker waren, heute aber im Land Sachsen-Anhalt zu Hause sind. Die Neumärker am östlichen Oderufer dagegen waren richtige Märker; doch gehört die Neumark heute zu Polen und heißt nicht mehr so.

Märkisch sind, wie es im Liede vom roten Adler heißt, die Heide, der Sand und der Sumpf, die westlichen Tore Berlins und Potsdams dagegen heißen Brandenburger und nicht märkische Tore, weil früher durch sie hindurch mußte, wer in die Stadt Brandenburg wollte; denn die liegt im westlichen Teil des Landes, das im Mittelalter als erstes von den Deutschen besiedelt wurde, weshalb dann die ganze Mark (was soviel wie Grenzland bedeutet) den Namen der Stadt erhielt.

Die amtliche Bezeichnung der Mark hat später zwischen Kurmark (des Reiches) und Provinz (nämlich Preußens) gewechselt. Land hieß sie nur von 1946 bis 1952. Dann schien es der SED ratsam, alle historischen Bezüge zu tilgen. Die Mark wurde aufgeteilt in die Bezirke Potsdam, Frankfurt an der Oder und Cottbus, doch lebte das Bewußtsein märkischer Zusammengehörigkeit trotzdem weiter, so daß sofort nach dem Ende der DDR die Wiedergeburt Brandenburgs eine von allen Parteien erhobene Forderung war.

Rot und Weiß sind Brandenburgs Landesfarben; Wappentier ist, schon seit dem 12. Jahrhundert, ein roter Adler; die auffallendsten Merkmale sind Sand, Seen, Kiefern, Kasernen (weil nämlich sehr viele märkische Städte Garnisonen hatten); die wichtigsten Flüsse sind Rhin, Dosse, Spree, Nuthe, Havel und die berühmtesten Söhne (sieht man von Königen und Kriegsleuten ab) Heinrich von Kleist, Karl Friedrich Schinkel und Theodor Fontane, deren erster in Frankfurt an der Oder geboren wurde, die beiden anderen in Neuruppin. Da alle drei in Berlin starben, sind ihre Gräber auch dort zu finden: das Kleists unter Kiefern am Kleinen Wannsee, das Schinkelsche auf dem Dorotheenstädtischen Friedhof an der Chausseestraße und das Fontanes auf dem Friedhof der Französisch-Reformierten Gemeinde, direkt an der nördlichen Grenze des Stadtbezirks Mitte, wo bis 1989 die Mauer stand.

Eine Art Hauptstadt von Brandenburg ist Brandenburg nur in den Anfangszeiten gewesen, dann hatte Jahrhunderte hindurch Berlin diese Funktion inne, bis es sie 1920 (als es sich unter Einbeziehung von acht märkischen Städten, 59 Dörfern und 27 Gutsbezirken als Groß-Berlin selbständig machte) an Potsdam, die Nachbarstadt, übertrug. Seitdem muß die Mark sich dagegen behaupten, nur als Umland Berlins betrachtet zu werden.

Schon um die Jahrhundertwende hatte das rasche Wachstum der Stadt Wohn- und Wochenendsiedlungen, Fabriken, Rieselfelder und Mülldeponien über die Stadtgrenzen hinausgetrieben. In den zwanziger und dreißiger Jahren war das Tempo noch schneller geworden. Nachkrieg und Mauerbau hatten diese Entwicklung verlangsamen, nicht aber ganz unterbrechen können; sie setzte sich auch in DDR-Zeiten, wenngleich gemächlicher, fort. Die wiedervereinigte deutsche Hauptstadt wird, so ist anzunehmen, Expansionskräfte entfalten, die um überkommene Siedlungsstrukturen und Landschaften der Mark fürchten lassen. Der Beton von Straßen, Flugplätzen und Siedlungen wird über den märkischen Sand triumphieren, so wie in der ersten Jahrhunderthälfte die Großstadt sprachlich über das Land siegte. Überall in der Mark berlinert man heute. Das märkische Platt, das in den Romanen Fontanes die Dorfleute reden, ist bis auf wenige Ausnahmen tot.

Eine Stammesverwandtschaft mit gemeinsamen Sprach- und Kulturtraditionen, wie bei Alemannen, Thüringern oder Franken, hat es in Brandenburg, dem Kolonisationsland des Mittelalters, niemals gegeben. Als das von slawischen Stämmen bewohnte Land vom 10. bis 12. Jahrhundert erobert wurde, kamen hier Siedler aus den verschiedensten deutschen Gebieten zusammen, und auch die Hohenzollern, die später preußische Könige und deutsche Kaiser wurden, kamen von weit her, nämlich aus Schwaben. Als Brandenburg nach den Verheerungen des Dreißigjährigen Krieges im 17. und 18. Jahrhundert erneut zum Einwanderungsland wurde, kamen wiederum Übersiedler, diesmal vor allem aus Frankreich und den Niederlanden, aus Böhmen und dem Salzburger Land. Das alles vermischte sich mit den slawischen Ureinwohnern, die aber in manchen Gebieten, vor allem im Süden, allen Germanisierungstendenzen zum Trotz, Kultur und Sprache noch lange erhalten konnten. So wurde in einigen Distrikten bis ins 19. Jahrhundert hinein noch Sorbisch (auch Wendisch genannt) gesprochen, und auch heute trifft man zwischen Spreewald und Cottbus (und zahlreicher noch weiter südlich, in der zu Sachsen gehörenden Oberlausitz) sorgfältig gehütete (oder auch künstlich am Leben gehaltene) Reste dieser sorbischen Minderheit an.

Immer sind die Grenzen der Mark also politisch, nicht aber ethnisch oder geographisch bestimmt gewesen. Ihr Umfang hat sich im Lauf der Geschichte, außer durch Kauf und Erbschaft, durch Kriege häufig verändert, und auch ihre heutige natürliche Ostgrenze an Oder und Neiße entstand durch den Krieg. Von Norden nach Süden wird die Mark von der Wasserscheide zwischen Ostsee und Nordsee durchzogen, von Westen nach Osten von der Sprachgrenze zwischen dem Ober- und Niederdeutschen, so daß die heute noch spürbaren Dialektanklänge im südlichen Teil zum Schlesischen und Sächsischen hin tendieren und im Norden die Übergänge zum Mecklenburgischen und Pommerschen fließend sind. Wenn trotz dieser Unterschiede, wie Fontane behauptet, den Märkern be-

Die vielen Seen, fast immer von Wäldern umgeben, sind die Schmuckstücke der Mark, aber auch ihre gefährdetsten Stellen, da Siedlungsbau und Tourismus sich besonders an ihnen breitmachen wollen.

Überall in der Mark sind Spuren der Geschichte Preußens zu finden, in Wustrau, am südlichen Ende des Ruppiner Sees, solche des Reitergenerals Hans Joachim von Zieten. Das Bild zeigt das Grab seines Sohnes, der der Letzte der Wustrauer Linie der Zietens war.

stimmte Eigenschaften wie Mißtrauen, Sparsamkeit, Nüchternheit und Genügsamkeit gemeinsam sein sollten, so sind die nicht einer gemeinsamen Herkunft zu danken, sondern der Kargheit der Lebensumstände und einer jahrhundertelangen Erziehung, für die der Korporalstock symbolisch war. Einer der Lehrmeister war Friedrich Wilhelm I., der sogenannte Soldatenkönig, der seinen Untertanen Pünktlichkeit und Gehorsam einbleute, ihnen unter Androhung von Prügel befahl, ihn zu lieben, und der kostbare Kleidung und Volksfeste verbot. »Redlich, fleißig, schlicht und gut / War, der hier im Grabe ruht«, kann man auf märkischen Grabsteinen von Anfang dieses Jahrhunderts lesen, und auch in gereimten Todesanzeigen von heute wird Fleiß und Genügsamkeit der Verstorbenen am meisten gelobt.

Die Landschaften der Mark, die zwischen sandigen Höhen (Plateaus genannt oder Platten) und feuchten Niederungen wechseln, haben der Eiszeit ihre Vielgestaltigkeit zu verdanken. Die tauenden Gletscher, die End- und Seitenmoränen und Urstromtäler mit Flüssen, Sümpfen und Seenketten zurückließen, mischten so viele Feldsteine unter den Sand der Äcker, daß die Arbeit des Steineaufsammelns nie weniger wurde; jede Pflugschar warf und wirft sie nach oben, weshalb die Bauern früher auch dachten, sie wüchsen nach. Als Baumaterial waren sie unverwüstlich und billig. Mit Hilfe von Kalk, der in Rüdersdorf schon von den Zisterziensern abgebaut wurde, entstanden aus diesen Granitbrocken, die anfangs sauber zu Quadern behauen, später nur noch gespalten und unregelmäßig vermauert wurden, die ersten, meist wehrhaften Kirchen, von denen viele, weil ihnen Brände, Blitzschläge und Krieg nur wenig anhaben konnten, heute, wenn auch vielfach verändert, noch stehen. Auch Kirchhofs- und Stadtmauern, Tortürme und Wohnhäuser wurden aus Feldsteinen errichtet, und als Straßenbefestigung war im 19. Jahrhundert das sogenannte Katzenkopfpflaster üblich. Auf Dörfern, abseitigen Landstraßen und Kleinstadtgassen trifft man solche autounfreundlichen, aber dem Auge wohltuenden Straßendecken aus rötlichem, grauem oder fast schwarzem Granit noch an.

Findlinge nennt man die Steinbrocken, wenn sie größer sind als gewöhnlich. In vorgeschichtlicher Zeit setzte man aus ihnen die Hünengräber zusammen, die man nicht nur in Pommern und Mecklenburg findet, sondern auch in der nördlichen Mark. Als märkisches Weltwunder wurden seit jeher die zwei riesigen Markgrafensteine in den Rauenschen Bergen bei Fürstenwalde betrachtet, deren einer im vorigen Jahrhundert gespalten und zu einer Granitschale gestaltet wurde, die noch heute im Berliner Lustgarten steht.

Die großen Sumpfflächen der Mark, als Luch (mit langem U) oder Bruch bezeichnet, wurden in den letzten dreihundert Jahren durch staatliche Deichbau- und Meliorationsmaßnahmen fast ausnahmslos in fruchtbare Felder und Weiden verwandelt, was zwar den Wohlstand der Bauern mehrte, der Vielfalt von Flora und Fauna aber nicht gut bekam. Das Havellän-

Die mittelalterliche Kulturgeschichte der Mark ist zu großen Teilen die Geschichte der Zisterzienser. Zu ihren wichtigsten Zentren gehörte das Kloster Lehnin, wo sich heute diakonische Einrichtungen der Evangelischen Landeskirche befinden. Eine Backsteinmauer umschloß früher die ganze Anlage. Das Tor ist noch erhalten, dahinter die Ruine der kleinen Torwegkapelle.

dische Luch, das größte von ihnen, oder das Oderbruch, von dem Friedrich der Große angeblich einst sagte, durch seine Kultivierung habe er ohne Krieg eine Provinz erobert, zeigen sich meilenweit als eine vollkommene, durch Gräben, Deiche und Straßen geometrisch durchkreuzte Ebene von melancholischem Reiz. Die Monotonie dieser Kulturlandschaft, die man beim Durchfahren auf Straßen- und Bahndämmen empfindet, schwindet sofort, wenn man sich zu Fuß den Details widmet: den kreisenden Bussarden unter dem weiten Himmel, den Koppelzäunen, an denen die Wege enden, dem hinter Büschen versteckten Tümpel, den Binsen im Graben, der Viehtränke an einem vereinzelt stehenden Baum. Im Oderbruch ist der Strom immer hinter Deichen verborgen, im Havelland aber kann man erleben, daß man zwar nicht den Fluß sieht, wohl aber die Schiffe, die auf ihm fahren; wie von unsichtbaren Kräften getrieben, bewegen sie sich gemächlich über die Wiesen fort.

Die Kiefern (poetisch: Föhren, volkstümlich falsch: Fichten) sind auf den Sandplateaus und erosionszerfurchten Hügeln zu Hause, die jungen Bäume, Kuscheln genannt, dicht beieinander, die von höherem Alter in lichterer Stellung, aber immer stramm aufrecht in Reih und Glied. Nur am Waldrand, an Seeufern oder auf ödem Dünengelände, wo ständige Trokkenheit systematische Aufforstungen verhindert, entfalten Einzelstücke mit borkigen Stämmen und mächtigen, weitausladenden Ästen ihre bizarre Schönheit, die immer Düsteres, Melancholisches hat. Anders als Buchen, Lärchen und Fichten, die auch vorkommen, aber nur selten, nehmen die leichten und heiteren Birken auch mit sandigen Standorten vorlieb. Im Dunkel der Kiefern bilden sie manchmal freundliche Inseln, oder sie fassen, oft zwei- oder vierreihig, eintönige Forstwege mit dem Weiß ihrer Stämme und dem helleren Grün ihres Laubes ein. Obwohl in den letzten Jahrzehnten durch Harzgewinnung und Abholzungen vieler alter Bestände Raubbau getrieben wurde, hat sich die Waldfläche der Mark nicht vermindert; sie ist noch immer die größte, die es im deutschen Ostelbien gibt. Zu Fuß oder per Rad kann man, ohne einen Menschen zu treffen, stundenlang über sandige Waldwege wandern, doch werden Stille und Einsamkeit in den meisten Fällen dort enden, wo zwischen den schwärzlichen Kiefernstämmen ein See aufblitzt.

Die vielen Seen, fast immer von Wäldern umgeben, sind die Schmuckstücke der Mark, aber auch ihre gefährdetsten Stellen; ihre Schönheit, die Eigenheimbauer, Wochenendsiedler, Zeltbewohner und Motorbootfahrer anzieht, macht sie durch Vernichtung der Schilfgürtel und durch Abwässer kaputt. Bei denen, die von Flüssen durchflossen werden, die wie die Spree, von weit her, aus Gegenden mit mehr Industrie kommen, begann die Verschmutzung schon in der ersten Jahrhunderthälfte, die anderen, die keine oder nur kurze Zuflüsse haben, waren noch in den fünfziger Jahren wenig besucht und glasklar. Jetzt sind ihre Ufer zum Teil nicht mehr erreichbar, weil Villensiedlungen, Kleingartenanlagen und Hotels

Kanäle für die Frachtschiffahrt wurden schon von den brandenburgischen Kurfürsten gebaut, sie wurden aber für die größer werdenden Schiffe bald zu flach und zu schmal. Der Oder-Havel-Kanal entstand Anfang unseres Jahrhunderts.

Feldsteine waren früher in der Mark die billigsten und haltbarsten Baumaterialien. Von der mittelalterlichen Feldsteinkirche in Neu Golm, bei Fürstenwalde, ist nur der Turm erhalten. Der neugotische Anbau in Backstein entstand im späten 19. Jahrhundert.

sich an ihnen breit gemacht haben; betonierte Straßen führen zu Campingplätzen, und an manchen Seen ist die Abwässerreinigung noch schlecht. Der größte märkische See, der Scharmützel, seit jeher berühmt für sein klares Wasser, hatte den Bau der Landhaussiedlung Bad Saarow, wo in den zwanziger und dreißiger Jahren viele Berühmtheiten aus Berlin (Max Schmeling und Käthe Dorsch zum Beispiel) sich Villen bauten, heil überstanden, bis die verstärkte Bautätigkeit in den letzten Jahrzehnten die Wasserqualität des Sees sehr beeinträchtigt hat.

Wer sich heutzutage aufmacht, um die Mark Brandenburg zu erkunden, reist, auch wenn er es nicht vorhat, auf Fontanes Spuren, und zwar nicht nur, weil er Fontanestraßen, Fontaneparks, Fontanenaturlehrpfaden, Fontanezitaten und Fontanedenkmälern häufig begegnet, sondern auch, weil er in den Dunstkreis des von Fontane geschaffenen, oder zumindest bewußt gemachten Mythos dieser Landschaft gerät. Durch seine *Wanderungen durch die Mark Brandenburg* wurde diese zur historischen Landschaft, durch seine Romane, die sie als Hintergrund haben, kam eine literarische Dimension hinzu. Er brachte die Ereignisse und Personen der brandenburgisch-preußischen Geschichte mit den Orten, an denen sie geschahen und wirkten, zusammen. Als er sich im vorigen Jahrhundert für seine fünf dicken Bände der Wanderungen, die eigentlich Fahrten (vor allem im Kutschwagen) waren, den Stoff beschaffte, war er nicht etwa blind für die Schönheit der Landschaft, die vor seiner Zeit meist als langweilig und öde empfunden wurde, sein Hauptinteresse aber galt der Geschichte und den Geschichten, die sich an diesen Orten ereignet hatten und sich erzählen ließen, Geschichten vom märkischen Adel und den preußischen Königen ganz obenan. Die Geschichte der Mark nicht nur zu kennen, sondern sie auch zu lieben, betrachtete er für den Reisenden als ganz unerläßlich. Die Ruinen eines Zisterzienserklosters wußte er ästhetisch und kunsthistorisch durchaus zu rühmen, aber lebendig für ihn wurden sie erst, wenn die Sage von einem von Slawen erschlagenen Abt hinzukam oder die Liebesgeschichte von Nonne und Mönch. Die Sandhügel zwischen Linum und Hakenberg schienen ihm für den unwissenden Reisenden nur zum Einschlafen geeignet; weiß dieser aber, daß hier die Schlacht von Fehrbellin tobte und Prinz Friedrich von Homburg (der aus Kleists Schauspiel, nur anders) an dieser Stelle Geschichte machte, wird er alles in anderer Beleuchtung sehen. Die Ruppiner Schweiz wird, so schön sie auch ist, durch eine erlebte Romanze des Kronprinzen Friedrich an Reiz noch gewinnen; und Dorf und Schloß Paretz werden erst durch die Kenntnis von den glücklichen Tagen, die die Königin Luise hier erlebte, zum Anziehungspunkt.

Wer heute hier so kenntnisreich reist, wie Fontane reiste, wird, wie er, Gewinn davon haben; es wird sich in ihm aber auch Trauer regen; den Gedanken, die alte Zeit sei die bessere gewesen, wird er mit der Erkenntnis bekämpfen müssen, daß Fontane das damalige Elend entweder nicht sah

Das Inselstädtchen Werder an der Havel, westlich von Potsdam, wurde durch seinen Obstbau bekannt. Die seit 1860 gefeierten Baumblütenfeste werden vor allem von den Berlinern besucht. Die neugotische Kirche wurde 1857 nach Entwürfen von Friedrich August Stüler errichtet.

oder es verklärte; als Fontane-Kenner wird er sich an das Altersgedicht *Veränderungen in der Mark* erinnern, in dem eine Gruppe von Hermunduren, die vor den Slawen einmal an Spree, Nuthe und Havel saßen, aus Sehnsucht nach der Mark aus Walhall Urlaub nehmen, ihn aber früher beenden als vorgeschrieben und am Schluß eine Erklärung abgeben, die der Tourist von heute mit größerem Recht wiederholen könnte:

»Ihr Rücktritt ist ein verzweifeltes Fliehn.
Wie war es? fragt teilnahmslos Odin,
Und der Hermundure stottert beklommen:
Gott, ist *die* Gegend runtergekommen.«

Grund dafür, daß jede Fahrt in die Mark melancholisch endet, sind nicht nur Zersiedelung und Umweltverschmutzung, sondern auch die Verluste an historischen Denkmälern, die in diesem Jahrhundert wohl größer waren als je zuvor. In entsetzlicher Weise hat der Zweite Weltkrieg gewütet. Potsdam und Rathenow litten stark durch Bombenangriffe, und östlich Berlins wurden fast alle Städte, besonders stark Fürstenwalde, Schwedt, Frankfurt und Wriezen, in den Kämpfen des Frühjahrs 1945 zerstört. Im Oderbruch, wo das Morden am längsten tobte, sind auf Schritt und Tritt noch Spuren der Schreckenszeit sichtbar, und auch die Kirchenruinen von Beeskow und Wriezen, die KZ-Gedenkstätten, die sowjetischen Kriegsgräber in vielen Orten und der deutsche Soldatenfriedhof in Halbe, wo die letzte sinnlose Vernichtungsschlacht stattfand, zeugen davon.

Aber mit dem Krieg war die Zeit der Verluste noch nicht zu Ende. Es folgten die Zerstörungen eines ideologischen Feldzuges, dem auf dem Lande mehrere Adelssitze, in Potsdam die Ruinen des Stadtschlosses und der Garnisonkirche zum Opfer fielen, und dann wirkten vierzig Jahre lang Mangel und Desinteresse, Pietätlosigkeit und schlechter Geschmack. Das Bonmot, daß Geldmangel der beste Denkmalschutz sei, konnte nur im Westen erfunden werden, hier in der Mark dagegen, wo auch die Armut Grund dafür war, daß historisch Wertvolles, oder doch Merkwürdiges, dem Verfall überlassen wurde, konnte man sich doch mit dieser Weisheit der Reichen trösten; denn der technische Fortschrittswille, der durch die Sucht nach Modernisierung und Perfektion nicht weniger zerstörerisch wirken kann als der ideologische, blieb dieser Gegend tatsächlich bisher weitgehend erspart. Keine märkische Kleinstadt wird von Autobahnen zerschnitten, in vielen aber verrotten die Altstadthäuser oder sind bereits abgerissen. Die Chausseen, die sich oft in schlechtem Zustand befinden, werden noch immer von herrlichen alten Bäumen beschattet, und den Dörfern sieht man noch an, daß es welche sind.

Während die Potsdamer Schlösser und auch das Schloß Rheinsberg in DDR-Zeiten notdürftig gepflegt und erhalten wurden, sind die Herrenhäuser der ehemaligen Rittergüter, die Jahrhunderte hindurch die administra-

Karl Friedrich Schinkel wurde 1781 in Neuruppin geboren. 1883 wurde dort sein von Max Wiese geschaffenes Denkmal enthüllt.

tiven und kulturellen Zentren des Landes waren und auf denen bis 1945 teilweise noch die Bredows und Knesebecks, die Zietens, Marwitz' und Hardenbergs saßen, im Lauf der Jahrzehnte in ihrer Mehrzahl zu ganzen oder halben Ruinen geworden; doch gibt es einige, wie das in Wiepersdorf (wo Bettina und Achim von Arnim begraben liegen) und das in Neuhardenberg, die fachgerecht restauriert wurden, und andere, wie Paretz, die man rücksichtslos um- und anbaute, bis alles Individuelle verschwand.

Wo die Gutshäuser fehlen, sind in den Dörfern heute, da alte Bauernhäuser sich nur in Ausnahmefällen, zum Beispiel im Spreewald, erhalten haben, die Kirchen meist die einzigen Vergangenheitszeugen. Dank den Pastoren, die oft als Bauherren und Handwerker gleichzeitig wirkten (wobei sie aus Westdeutschland oft Hilfe erhielten), ist in den meisten Fällen zumindest dafür gesorgt, daß sie erhalten blieben, doch hat man bei den Holzdecken der Feldsteinkirchen, den barocken Kanzelaltären oder den abblätternden Bildern der Evangelisten an den wurmzerfressenen Emporen den Eindruck: wenn die Hilfe nicht bald kommt, kommt sie zu spät.

Sicher wird sie in vielen Fällen zu spät kommen. Denn die großen Kirchen der Städte befinden sich in einem nicht weniger traurigen Zustand, und da diese kunsthistorisch wertvoller sind, wird bei ihnen zuerst angesetzt werden, wie zum Beispiel bei der Stadt Brandenburg. Die besteht schon seit über tausend Jahren, ist heute eine Industriestadt mit fast hunderttausend Bewohnern und besitzt ein historisches Zentrum, das in den letzten vierzig Jahren verfiel. Mit ihren drei, zwischen Armen der Havel gelegenen mittelalterlichen Teilen (Altstadt, Neustadt und Dominsel), mit ihrem Roland, mit Stadtmauer, Tortürmen, dem romanischen Dom und gotischen Backsteinkirchen war sie früher eine der reizvollsten Städte der Mark. Geht man heute durch ihre von Jahr zu Jahr öder gewordenen Straßen, vorbei an Abrißflächen und unbewohnten Gebäuden, schwankt das Gefühl zwischen Trauer und Zorn. Hier soll nun eine Rettungsaktion starten. Das Zentrum soll wieder bewohnbar gemacht, das Historische dabei aber erhalten werden. Man kann nur hoffen, daß dieses Vorhaben ohne die Fehler, die man im Westen oft machte, gelingt.

Hier wie andernorts ist Behutsamkeit nötig. Radwege können nötiger sein als Autostraßen. Anstatt Maßnahmen zur Verkehrsberuhigung zu ergreifen, kann man das Kopfsteinpflaster auch gleich belassen. Die alten Siedlungsstrukturen sollte man achten und den Tourismus fördern, aber nicht, daß man die Landschaft, die Touristen anlockt, dabei zerstört.

Schon Fontane warnte davor, das Reisen in der Mark für billig zu halten. Er hielt die Märker für knickrig, bescheinigte ihnen, daß sie »nicht alles Kaufmännischen bar und bloß« seien, und empfiehlt also dem Reisenden nicht nur, Natursinn und Geschichtskenntnisse mitzubringen, sondern auch seinen Beutel mit Geld zu füllen, andernfalls aber lieber zu Hause zu bleiben – womit ihm dann zwar keine Gletscher und Meeresstürme, wohl aber eigentümliche Freuden und Genüsse feinerer Art entgehen.

Das Städtchen Mittenwalde entstand im 13. Jahrhundert im Schutz einer askanischen Grenzburg. Von der mittelalterlichen Stadtbefestigung sind nur noch das Berliner Tor und ein Turm erhalten. An der Kirche St. Moritz hat von 1652 bis 1657 der Kirchenliederdichter Paul Gerhardt amtiert.

ZU KAISERS ZEITEN

Das Interesse an der Mark Brandenburg, das in der ersten Hälfte des 19. Jahrhunderts erwachte und in der zweiten populär wurde, war nicht nur auf die bescheidene Schönheit ihrer Landschaft gerichtet, sondern auch auf deren Geschichtsträchtigkeit. Das Sehnsuchtspotential der Romantik, das sich vorwiegend dem süddeutschen Mittelalter zugeneigt hatte, wurde, wie sich bei Kleist und Fouqué schon zeigte, auf Preußisch-Märkisches gelenkt. Fehrbellin konnte Heilbronn ersetzen, die Ritter des »Zauberrings« konnten von Grenadieren des Schlesischen Krieges abgelöst werden, und statt der altdeutschen Madonnen der Nazarener wurde nun die Königin Luise verklärt. Da bald Eisenbahnen die jüngst geheiligten Stätten von Berlin aus in Stunden erreichbar machten, brauchte man nicht, wie einst Tieck und Wackenroder, in wochenlangen Fußmärschen nach Franken zu wandern; man konnte, wenn man den Sonntagmorgen zum Aufbruch wählte, in Küstrin oder Rheinsberg zu Mittag essen und abends, mit Natureindrücken und patriotischer Bildung beladen, wieder zu Hause sein.

Ein altes Photo zeigt einen solchen Ausflug. Acht Herren, fast alle mit Schnurr- oder Kinnbärten, alle in Schwarz, mit Gehrock, Handschuhen und Kopfbedeckung, haben an einem Wintertag mit verhangenem Himmel in lockerer Gruppierung Aufstellung genommen, anscheinend willkürlich, in Wahrheit aber durchaus planmäßig vor einem schneebedeckten historischen Bauwerk verteilt. Die zwei vor dem Torbogen stehen so, daß sie diesen flankieren, nicht aber die Durchsicht ins Stadtinnere verstellen; die zwei, die sich leger an den Meilenstein lehnen, scheinen damit ihre Wanderlust zeigen zu wollen; und sie alle, die der Aufforderung des Lichtbildners, sich nicht zu bewegen, gehorchen, wissen, daß dieser Augenblick, der so schnell schon vorüber ist, auch in Zukunft noch dauern wird: im photographischen Bild.

Sie gehören, so ist zu vermuten, zu einem der Berliner oder Potsdamer Geschichts- oder Touristenvereine, die sich die Erforschung und Popularisierung vaterländischer Traditionen zum Ziel gesetzt haben, einen Sonntag im Monat unter sachkundiger Führung auf Exkursionen verbringen, in ihrer Zeitschrift (*Mitteilungen des Vereins für…*) darüber teils pathetisch, teils neckisch berichten und auf diese Ausflüge gern einen Photographen mitnehmen, der für alle Beteiligten ein Erinnerungsbild anfertigen kann.

An diesem Januartag haben sie erst in Mittenwalde die Stelle besichtigt, an der, nach einem slawischen Burgwall, eine der sagenhaften Nuthe-Burgen gestanden hatte, sind dann in der Pfarrkirche St. Moritz, wo Paul Gerhardt amtiert hatte, vom Kirchenchor mit *Nun ruhen alle Wälder* und *Befiehl du deine Wege* empfangen worden, haben des geistlichen Dichters großes Porträt bewundert und daraufhin des Stadtarchivars Standardvortrag *Mittenwalde einst und jetzt* über sich ergehen lassen, der natürlich, wie alles in der Mark, mit den Urstromtälern und den End- und Seitenmoränen der Eiszeit begann. Die germanische Besiedlung wurde ausführlich, die slawische nur kurz besprochen, um schnell zur Gründung der frühdeutschen Burg im 12. Jahrhundert zu kommen, der die Stadt ihre Entstehung verdankt. Den Blütezeiten im Mittelalter folgten Notjahre im 17. Jahrhundert, die im 18. wieder zu Ende gingen, als Friedrich der Große ein Regiment Feldjäger hierher verlegte, deren Kommandeur später General Yorck, der Held von Tauroggen, wurde, der Stolz der Stadt. Mit dem Bau des Notte-Kanals wurde zur Gegenwart übergeleitet und dann ein optimistischer Blick in die Zukunft geworfen: Keine fünf Jahre mehr und Mittenwalde wird eine Kleinbahn erhalten, mit der man in zwei Stunden in Rixdorf und damit schon fast in Berlin sein kann.

Inzwischen ist es Mittag geworden. Im Hotel »Yorck« ist für die bildungsbeflissenen Vereinsbrüder die Tafel bereitet. Vorher aber müssen sie vor dem backsteinernen Ziergiebel des Berliner Tores noch auf die Platte gebannt werden, damit von diesem Erlebnis auch etwas bleibt.

Der Photograph, der anonym bleibt wie die Architekten des Mittelalters, hat das genaue Datum dieses Gruppen- und Architekturbildes hinterlassen. Am 29. Januar 1888 wurde es aufgenommen, im sogenannten Dreikaiserjahr also, das aber an diesem Tage noch nicht so hieß. Erst im März wird der alte Kaiser, Wilhelm I., mit 91 Jahren das Zeitliche segnen, 99 Tage später der Sohn, Friedrich III,, in Potsdam seinem Krebsleiden erliegen und der Enkel, Wilhelm II., den Thron besteigen, den er dreißig Jahre später, vor der Revolution flüchtend, verlassen wird. Noch regiert Bismarck, noch ist das Sozialistengesetz gültig, doch wächst die sozialdemokratische Anhängerschaft weiter an. Noch sitzen überall in der Mark die alten Adelsfamilien, aber immer mehr Rittergüter gehen in die Hände bürgerlicher Geldleute über; auf Groß-Behnitz im Havelland beispielsweise hat die Familie Borsig die Familie von Itzenplitz abgelöst. Während die kleinen Bauern ihre Wirtschaften noch in alter Weise betreiben, gehen die Großgrundbesitzer mit Molkereien, Brennereien und Ziegeleien immer mehr zu industrieller Herstellung über, denn die Nachfrage ist groß. Berlin ist in rapidem Wachstum begriffen. Einige seiner Vororte sind schon zu eigenständigen Großstädten geworden, und immer weiter drängen Fabriken und Wohnsiedlungen, Wasserwerke und Rieselfelder in die märkische Landschaft hinaus. Die ist schon vielfach von Eisenbahndämmen zerschnitten. Bereits um 1840 waren die ersten Strecken nach Potsdam und Frankfurt an der Oder eröffnet worden; inzwischen hat sich ein Bahnnetz entwickelt, das alle wichtigen märkischen Städte miteinander verbindet, wodurch auch das Reisen erschwinglich wird und in Mode kommt. Berliner, die es sich leisten können, fahren jahrein, jahraus in die Sommerfrische. Das Riesengebirge, der Harz und die Ostsee sind die beliebtesten Ziele, billiger aber ist die Fahrt in die Mark. Wenn Heringsdorf, die Schneekoppe oder der Hexentanzplatz nicht in Frage kommen, muß sich Fontane mit »Seebad« Rüdersdorf oder Hankels Ablage begnügen; die Hauptsache ist, er kommt aus der lauter und schmutziger werdenden Großstadt hinaus.

Erst mit der Entstehung der naturfernen Großstädte im 19. Jahrhundert wurden auch die Naturschönheiten der Mark entdeckt.

Die Millionäre, die sich in den neunziger Jahren im Grunewald ihre prächtigen Villen bauten, die Dichter um Bruno Wille und Wilhelm Bölsche, die sich auf der anderen Seite der Weltstadt nach Friedrichshagen verzogen, und die Heimatforscher, die im Januar des Dreikaiserjahres Mittenwalde besuchten, folgten alle dem gleichen Drang des Großstädters in die Natur. Die Naturferne Berlins hatte die grüne Umgebung veredelt; was man früher als langweilig empfunden hatte, wurde nun schön.

Noch am Anfang des 19. Jahrhunderts hatte die märkische Landschaft als öde und häßlich gegolten. Als der dichtende Pastor Schmidt von Werneuchen nicht wie üblich den Rhein oder Italien, sondern die Mark zum poetischen Gegenstand machte, reagierte die Kritik böse bis spöttisch, und Goethe wurde durch diese Sandpoesie zu einem parodistischen Gedicht veranlaßt, in dem unter anderem behauptet wurde: in der Mark keime schon alles in getrocknetem Zustand auf. Heinrich von Kleist, selbst ein Märker, vermutete in einem Brief aus der Schweiz, daß der Schöpfer seiner eintönigen Heimat während der Arbeit an ihr eingeschlummert wäre. Stendhal fand es ganz und gar unsinnig, eine so schöne Stadt wie Potsdam in solcher Einöde zu gründen. Für Friedrich von Cölln war die Mark die Sandwüste Arabiens, und Jean Paul verglich sie mit der Sahara, fügte aber gerechterweise hinzu: Welche Oasen darin! Daß die trocknen Gefilde auch den Geist eintrocknen ließen, vermutete Gottfried Keller noch um die Jahrhundertmitte. Doch wenig später, als Fontane seine Lektionen im Erkennen märkischer Schönheiten erteilte, war es bald mit den Vorurteilen vorbei.

Die altehrwürdige und später oft strapazierte Charakterisierung der Mark als des Reichs Streusandbüchse war vermutlich dadurch entstanden, daß die Berlin-Reisenden die Mark nur als sandige Wege erlebten, durch die sich die Kutschen hindurchquälen mußten. Erst die Entdeckung des Abseitigen ließ erkennen, daß der Reiz dieser Landschaft vor allem im Wechsel besteht. Um ihre ruhige Schlichtheit erkennen zu können, muß der Reisende, wie Fontane sagt, falsche Vergleiche unterlassen können; er darf nicht grobe Effekte, wie Gletscher oder Meeresstürme, verlangen, sondern er muß einen feineren, empfindsameren Natursinn entwickeln, der auch auf rötliche Kiefernstämme am Waldrand, auf Kirchen, die sich im Dorfteich spiegeln, und auf die klaren Linien des flachen Luchs reagiert.

Die melancholische Schönheit der märkischen Seen, die Fontane rühmte, kehrte, noch zu seinen Lebzeiten und von ihm auch beachtet, in den Bildern Walter Leistikows wieder. Da zeigen sich Anmut und Monotonie in düsterer Feiertagsstimmung; da geht der Vollmond auf hinter der Havel; dunkle Wälder umrahmen den tief gelegenen See bei Grünheide; an den Ufern der Grunewaldseen stehen schweigend die Kiefern, und das Wasser wechselt die Farbe in wechselndem Licht. Im Dreikaiserjahr hatte Leistikow seine Ausbildung beendet. Einige Jahre später begann er märkische Seen zu malen, in einer Zeit also, in der auch beim jungen Gerhart Hauptmann in Erkner, bei den Dichtern in Friedrichshagen und auch bei Berliner

Der Kalkabbau in Rüdersdorf wurde schon im Mittelalter von den Zisterziensern begonnen. Er erlebte seine Hochblüte im 19. Jahrhundert, als Berlin Hauptabnehmer war. Das hier abgebildete Industriedenkmal ist eine Schachtofenbatterie von 1870, die erst 1967 stillgelegt wurde.

Das Denkmal Friedrich Wilhelms, des Großen Kurfürsten, von Johann Georg Glume (1738) in Rathenow erinnert an das Jahr 1675, als mit der Vertreibung der Schweden aus der Stadt deren Niederlage bei Fehrbellin begann.

Photographen das Interesse an märkischer Landschaft erwacht. Sie alle bevorzugen nicht nur die gleichen Motive, sie betrachten sie auch in ähnlicher Weise, in der Natursicht des Großstädters nämlich, der, auf der Flucht vor Menschengewühl und Hektik, in der Landschaft vor allem die Stille, die Weltabgeschiedenheit und die Urwüchsigkeit sucht. Das aber kann sich auch in armseligen Bauernkaten oder verfallenen Gemäuern verkörpern; und da man von der Unaufhaltsamkeit des technischen Fortschritts weiß, sieht man sie als vergängliche Werte, von leichter Trauer umweht.

Verbunden mit der Flucht in die Natur war auf diese Weise auch die in die Geschichte. Das 19. Jahrhundert war das des Historismus. Die Nüchternheit des sich ausbreitenden Kapitalismus förderte die Vergangenheitssehnsucht. In der ersten Jahrhunderthälfte, als der märkische Romantiker de la Motte Fouqué seine Ritterromane verfaßte, der preußische Hof Ritterturniere veranstaltete und Friedrich Wilhelm IV. vom Gottesgnadentum schwärmte, war es vorwiegend das Mittelalter, das die Herzen bewegte; in der zweiten Hälfte, an dessen Ende Nietzsche Nutzen und Nachteil der Historie für das Leben diskutierte und der letzte, märkischste Roman Fontanes, Der *Stechlin*, sich um die Fragen von Werden und Vergehen drehte, war es vor allem wohl Fridericus Rex. Die Lesewelt verlangte nach historischen Romanen, und die Schriftsteller bedienten sie mit dergleichen, Alexis und Hesekiel auch mit solchen, in denen die Geschichte der Mark lebendig wird. Noch im 18. Jahrhundert war es üblich gewesen, wertvolle historische Bauten, die keinen Gebrauchswert mehr hatten, als billiges Material für neue zu nutzen; jetzt begann in Preußen mit Karl Friedrich Schinkel die Denkmalspflege, die später auch seinen eignen Bauwerken zugute kam.

Auch Fontane war von Kindheit an von Geschichte begeistert. Auch in seinen Gegenwartsromanen ist das zu spüren, und seine *Wanderungen* leben zu großen Teilen davon. In ihnen brachte er für die Leser die Örtlichkeiten mit den Geschehnissen der Geschichte zusammen. Durch ihn vor allem wurde für breite Schichten die Mark Brandenburg zu einer historischen Landschaft, und da er sie vielfach zum Hintergrund seiner Romane machte, wurde auch eine literarische Landschaft daraus. Er schuf eine Art Landesmythos, der auch Leute erreichte, die seine Bücher nie lasen. Würde man die vielen historischen Reminiszenzen, die sich in seinem Gesamtwerk verbergen, aus ihrem Zusammenhang lösen und chronologisch ordnen, erhielte man eine ziemlich lückenlose, wenn auch an einigen Punkten verstärkte, Geschichte der Mark. Das beginnt mit archäologischen Funden aus germanischen und slawischen Zeiten, über die sich heimatforschende Romangestalten seitenlang amüsant streiten, setzt sich, veranlaßt durch Feldsteinkirchen und Klosterruinen, fort mit der frühdeutschen Kolonisierung, schildert die Kämpfe des Adels mit der Zentralmacht, den Hohenzollern, deren Geschichte dann über die Jahrhunderte hin ver-

Die Schlacht bei Fehrbellin, 1675, fand in Wirklichkeit nicht dort, sondern beim benachbarten Dorf Hakenberg statt. In dessen Nähe steht auf einer bewaldeten Höhe ein Aussichtsturm, der von einer Viktoria von Christian Daniel Rauch bekrönt wird. Das Denkmal wurde 1875, zur Zweihundertjahrfeier der Schlacht errichtet.

folgt wird, wobei der Schwerpunkt deutlich in der Zeit des klassischen Preußen liegt.

Daß Fontane die Sicht seiner Zeit auf die Geschichte der Mark weitgehend bestimmte, hängt nicht nur mit seinem literarischen Können und seiner Detailkenntnis zusammen, sondern auch mit seinem Eingebettetsein in den geistigen Strom der Zeit. Bei allem Glauben an den technischen Fortschritt lebte man mit einer Orientierung nach hinten, in die ruhmreiche Vergangenheit. Man schuf und pflegte den Hohenzollern-Mythos, vorwiegend den um Friedrich und Luise. Man baute gotisch und romanisch, später übernahm man Elemente der Renaissance und des Barock, und schließlich wurde auch das Fachwerk wieder modern. Die Historienmalerei florierte, die Bildhauerei verlegte sich auf Helden in Marmor und Bronze, die Fontane-Epigonen setzten sein *Wanderungs*-Werk fort in trivialen Formen, und der wilhelmische Geist, eine Mischung aus Vergangenheitsschwärmerei, Größenwahn und Fortschrittsglauben, von dem der alte Fontane sich immer mehr distanzierte, fand seinen deutlichsten Ausdruck im immer monumentaler werdenden Denkmalsbau.

Rauchs durchaus noch menschlichen Maßen entsprechendes Friedrich-Denkmal war 1851, unter Fontanes dichterischem Beifall errichtet worden. Kaum war 1888 der erste Kaiser gestorben, wurde für ihn, als den Heldenkaiser Wilhelm der Große, schon ein viel größeres und pompöseres Denkmal in Schloßnähe geplant. Überall in Deutschland mußte sich das nationalistische Selbstwertgefühl des geeinten Reiches in Stein dokumentieren. Neben unzähligen Kaiser- und Bismarckdenkmälern und -warten entstanden zwischen 1875 und 1895 das Hermannsdenkmal im Teutoburger Wald und das Niederwalddenkmal, die Denkmäler an der Porta Westfalica, am Deutschen Eck und auf dem Kyffhäuser, und 1913, zum hundertsten Jahrestag der Befreiungskriege, machte sich patriotische Begeisterung erneut in Mahnmalen Luft.

Da konnte auch Preußens Kernland, die Mark, arm wie sie war, sich nicht lumpen lassen; auch kleinere Orte, Friesack im Havelland beispielsweise, wollten ihr Denkmal haben. Stand doch im nahen Rathenow schon der Große Kurfürst, in Neuruppin Friedrich Wilhelm II.; Gransee erinnerte an die Königin Luise und Fehrbellin an die gleichnamige Schlacht. Die Erinnerung, die die Friesacker bewahrt wissen wollten, reichte viel weiter, nämlich zurück in die Geburtsstunde der hohenzollernschen Dynastie. Als 1410 der Burggraf von Nürnberg, Friedrich von Hohenzollern, vom Kaiser in die von Adelsfehden zerrissene Mark geschickt wurde, war Burg Friesack die letzte Bastion des von Dietrich von Quitzow geführten aufsässigen Adels gewesen; erst ihr Fall, 1414, sicherte des Markgrafen Macht.

An der Idee, dem Belagerer und Erstürmer ihrer Stadt ein Denkmal zu setzen, war vermutlich auch die Literatur beteiligt, zumindest trug sie zur Finanzierung des Vorhabens bei. 1888, als Ernst von Wildenbruchs vaterländisches Schauspiel *Die Quitzows* an den Sieg des Markgrafen über

In Friesack wurde 1414 der aufsässige Adel vom ersten märkischen Hohenzoller, Friedrich I., endgültig besiegt. Von dem 1894 errichteten Denkmal, einem Standbild Friedrich I. von Alexander Calandrelli, ist heute nur noch der Sockel zu sehen.

die Rebellen erinnerte, wurde die Errichtung des Denkmals beschlossen, ein Wettbewerb ausgeschrieben und ein Sieger ermittelt, der den Auftrag dann aber doch nicht bekam. Denn der Kaiser, der das letzte Wort hatte, ignorierte die Entscheidung der Jury und gab den Auftrag an den Drake-Schüler Alexander Calandrelli, der mit Hohenzollernfiguren schon Übung hatte; einen Friedrich I. hatte er schon für den Marienberg bei der Stadt Brandenburg geschaffen, und auch das Reiterstandbild Friedrich Wilhelm IV., das heute noch in Berlin vor der Nationalgalerie steht, ist sein Werk. Sein Friesacker Friedrich, ein drei Meter hohes bronzenes Standbild (das am 13. Oktober 1894 in Anwesenheit des Kaisers enthüllt und 1945, als man Preußen verfluchte und Buntmetall brauchte, eingeschmolzen wurde) zeigte sich, in Kettenhemd, Panzer und Sturmhaube auf hohem Postament stehend, kampfentschlossen, das Schwert in der nervigen Faust.

Als man sich für den Standort, südlich der Stadt auf dem Mühlenberg, von wo aus 1414 die Burg mit Kanonen beschossen wurde, entschieden hatte, kamen dort Vertreter der Friesacker Bürgerschaft und der Berliner Denkmalskommission zusammen, um den genauen Platz anhand der Flurkarten festzulegen; und da man auch den bekannten Berliner Photographen F. Albert Schwartz dabei hatte, wurde dieser historische Moment für die Nachwelt fixiert. Man glaubt, vor der im Hintergrund sichtbaren Windmühle den Landrat, den dicken Gastwirt und den Bürgermeister erkennen und die patriotischen Phrasen hören zu können, die man in Berichten aus dieser Zeit liest. Vielleicht wurde hier schon die spektakuläre Finanzierungsaktion des Standbildes beschlossen, die 1891, drei Jahre vor der Denkmalsenthüllung, unter starker Anteilnahme der Öffentlichkeit zur Ausführung kam. Zur Freude des jungen Kaisers zelebrierten hier an historischer Stätte mehr als hundert verkleidete Friesacker Bürger Wildenbruchs Schauspiel, dessen strahlender Held und Sprachrohr des Autors selbstverständlich der Urahn Wihelm II., der Kurfürst Friedrich I., war.

Die Vorstellung, daß die auf dem Photo abgebildeten Honoratioren den Vatermörder, den steifen Hut, Spazierstock und Gehrock mit Helm, Harnisch und Schwert vertauschten, um an geweihter Stätte Kampf zu imitieren und die Mark Brandenburg mit den Worten »Du Land des Sandes, du, verhöhnt, verachtet« zu begrüßen, erscheint seltsam, bietet für die Kaiserzeit aber ein zutreffendes Bild. Die Militär- und Industriemacht, in der Wissenschaft und Technik blühten, gefiel sich, wie Majestät selbst, in historischer Kostümierung, benutzte die Erinnerung an ihre bescheidenen Anfänge als Beweis für ihre erreichte Größe und deckte alle Gegenwartsproblematik mit Vergangenheitsschwärmerei zu.

Auch an der Heimatliteratur, die Fontane nachfolgte und ihn nie erreichte, läßt sich das ablesen. Natur-, Geschichts- und Herrscherliebe wollen sich in ihr immer, wie es bei Wildenbruch heißt, mit der »märkischen Erde vermählen«. Sie scheut zeitkritische Töne – und bleibt sich in dieser Hinsicht ein Jahrhundert lang treu, allen ideologischen Wechseln zum

Trotz. Immer sucht sie im Gewesenen nach dem von oben Gewünschten und paßt sich verordneten Tendenzen, ob die nun Hohenzollern, deutsches Wesen, Blut und Boden oder Klassenkampf heißen, geschmeidig an.

Gelobt werden die Mark und die Märker immer. In Wildenbruchs *Quitzows* kann man lesen:

»Ja, du bist arm, dich schmücken nicht Gebirge,
Nicht üpp'ger Wiesen Saft und schwellend Grün -
In deinen Söhnen nur, in deinen Töchtern
Ruht all dein Reichtum«,

und man bekommt damit auf sprachlichen Stelzen einen immerwährenden und immer fragwürdigen Gedanken geboten, den einer dieser Söhne, Theodor Fontane nämlich (der übrigens als Theaterkritiker der *Vossischen Zeitung* Wildenbruchs Schauspiel zwar als »Genialitätsstück« bezeichnet, dessen Phrasenhaftigkeit aber verurteilt hatte), schon Jahrzehnte zuvor im Vorwort zu den *Wanderungen* schlichter ausgesprochen hatte: »Das Beste aber, dem du begegnen wirst, das werden die Menschen sein.«

Der Oberspreewald mit seinem Gewirr von Wasserstraßen war schon seit dem vorigen Jahrhundert Ausflugsort, besonders für die Berliner. Die beliebten Kahnfahrten beginnen meist in Lübbenau.

IM SPREELAND

Die Bezeichnung Spreeland, die man auf keiner Landkarte findet, wurde von Theodor Fontane erfunden, als er für seine Wanderungen durch die Mark Brandenburg ein Pendant zum Havelland brauchte, das als festumrissener Bereich existiert. Das Spreeland dagegen hat vage Grenzen. Es liegt zwischen der unteren Spree und der Dahme, umfaßt auch die Zuflüsse mit, die oft kümmerlich sind und Namen wie Wudritz, Berste, Notte, Ölse, Blabber und Löcknitz führen, und reicht von Lübbenau bis Berlin.

Wie penible Geographen errechnet haben, legt die Spree von ihrer Quelle an der böhmischen Grenze bis zu ihrer Mündung in die Havel, bei Berlin-Spandau, genau 397,5 Kilometer zurück. Fast die Hälfte ihres Laufs in nördliche Richtung führt durch die sächsische Oberlausitz, dann feuchtet sie im Land Brandenburg einen Boden, den der Braunkohlentagebau in den letzten Jahrzehnten verwüstet hat, aber erst wenn sie sich hinter sieben qualmenden Kraftwerksschloten in unzählige Bäche und Kanäle zersplittert, tritt sie in die Gegend ein, die Fontane mit dem Begriff Spreeland meint.

Sie beginnt mit einer Touristenattraktion, dem Spreewald nämlich. Der hatte es wahrscheinlich nur seiner Berühmtheit zu danken, daß er nicht, wie viele südlich von ihm gelegene Landschaften und Dörfer, in DDR-Zeiten der Braunkohlegewinnung zum Opfer gefallen war. Er war mit der Residenzstadt schon seit 150 Jahren verbunden, belieferte sie nicht nur mit Meerrettich und Gurken, sondern auch mit vollbusigen Ammen und bot ihr mit seinen fremdsprachigen Eingeborenen eine Exotik, die den besonderen Vorteil hatte, daß sie mit der Berlin-Cottbusser Bahn in zwei Stunden erreichbar war. Spreewaldbegeisterte scheuten nicht den Vergleich mit Venedig, und für Schullesebücher war das wasserverbundene Leben der Wenden (wie man die Sorben früher zu nennen pflegte) ein farbiger Stoff. Da war von der sorbischen Sprache, von Trachten, Bräuchen und Blockhäusern die Rede, von Dörfern, die zu Fuß nicht erreichbar waren, von Postboten, die im Winter auf Schlittschuhen die Briefe austragen, und von einem urwüchsigen Dasein, das sich von der Wiege bis zur Bahre vorwiegend im Kahn abspielt.

Auch heute noch kann man dergleichen lesen, doch ist nach so viel romantischer Einstimmung die Realität eines ersten Ausflugs dann natürlich enttäuschend. Denn gesprochen wird Deutsch (ein leicht ländlich gefärbtes Berlinisch), Spreewälder Trachten tragen nur, den Touristen zuliebe, die kräftigen Kahnführerinnen und die Püppchen in den Andenkenbuden, die Bäche (hier, wie im ganzen Spreeland, Fließe genannt) erweisen sich meist als schnurgerade Kanäle, die Natur ist erfüllt vom Lärm der Touristen, und nur die Mücken, die die auf den Wasserstraßen sich stauenden Kähne mit Biertrinkern umschwärmen, erscheinen ganz echt.

Erst mit dem Schwinden der falschen Erwartung, hier sei die Zeit stehengeblieben, und nach Verlassen der Touristenscharen, erschließen sich auch die Schönheiten, die aus dem harmonischen Miteinander von Natur und Kultur entstehen. Vegetationsvielfalt, Libellen und Eisvögel bezaubern. Der Wechsel von Wald, Wiesen, Dörfern, Poldern, Gräben und Deichen geben der Landschaft ein parkähnliches Gepräge. Nicht Urwüchsigkeit ist es, was hier beeindruckt, sondern eine vom Menschen gezähmte, benutzte, aber nicht zerstörte Natur.

Deren Gleichgewicht scheint heute gefährdet. Denn die nahen Kraftwerke, die das Wasser erwärmen, verhindern im Winter das Zufrieren der Kanäle, und die Umstellung auf Marktwirtschaft bedroht die Existenz der Kleinbauern, die neben Wiesen meist nicht mehr als einen Hektar Acker bewirtschaften, was für den Markt nicht effektiv genug ist.

Die stillen Fußwege, die erhöhten Holzbrücken, die Wasserläufe, von denen zweihundert mit Booten befahren werden können, bieten die Möglichkeit, sich abseits des Touristenstroms zu halten, der sich vor allem auf den Oberspreewald, auf Lübbenau, Lehde und Leipe konzentriert. Hierher, zu den Bauernhofinseln mit Blockhäusern, dem Freilichtmuseum und den Dörfern, die früher tatsächlich nur mit dem Kahn erreichbar waren, sollte man im Frühling oder im Herbst kommen; im Sommer aber bietet sich der wesentlich stillere und weiträumigere Unterspreewald an.

Auch in Lübben, der Kreisstadt, gibt es Kähne zu mieten. Das Auto jedenfalls sollte am Marktplatz stehen bleiben, vielleicht vor dem Denkmal Paul Gerhardts, des Pfarrers, der die schönsten deutschen Kirchenlieder gedichtet hat. Nach Lübben (damals die Hauptstadt der Niederlausitz und bis 1815 sächsisch) war er gekommen, weil er im toleranten Berlin seinen Posten verloren hatte, wegen intoleranter Orthodoxie. In Lübben hat er die letzten Lebensjahre verbracht und wurde 1676 hier auch begraben, im Chorraum der spätgotischen Kirche, die bei den Kämpfen im April 1945, als die Stadt zu achtzig Prozent zerstört wurde, bis auf die barocke Turmhaube wunderbarerweise erhalten blieb. Liedanfänge von ihm zieren Denkmal und Kirchenwände, »Geh aus mein Herz und suche Freund in dieser lieben Sommerszeit«, wäre wohl das Passende für Besucher, die sich am Stadtpark, der Hain genannt, eine stundenlange Kahnfahrt durch Wälder und Wiesen leisten, nach Groß-Wasserburg oder nach Schlepzig, wo sich in der Dorfkirche, einem Fachwerkbau aus dem 18. Jahrhundert, ein blauer Wolkenhimmel über die Gläubigen spannt.

Der lange, schmale, so gut wie unbesiedelte untere Spreewald, der die Bezeichnung Wald eher verdient als der obere, ist streng nach Norden gerichtet, als strebten seine Wasser schnurstracks ihrem Ziel, Berlin, zu. Dem aber stehen sandige Hochflächen entgegen. Die wieder vereinigte Spree muß einen Bogen nach Osten schlagen; es fehlte nicht viel und sie würde die Oder erreichen, doch kurz vor der Wasserscheide zwischen Ost- und Nordsee biegt sie wieder in die hauptstädtische Richtung ein. Auf diesem Abschnitt war sie jahrhundertelang Südgrenze des klassischen Preußen. Die Brücke in Kossenblatt heißt heute noch Zollbrücke und zeugt davon, daß politische Grenzziehung schon immer willkürlich war.

Der untere Spreewald ist weiträumiger als der obere, mit ausgedehnteren Wald- und Wiesenflächen. Obwohl er auch Kahnfahrten bietet, ist er von Touristen nicht so sehr überlaufen. Schleusen und Wehre, wie hier in Groß Wasserburg, gibt es überall.

Beeskow hat zwar eine Klosterstraße, hatte aber nie ein Kloster, sondern nur diese Herberge durchwandernder Mönche, in der Fontane 1862 übernachtete, als er Kossenblatt aufsuchte. Von der fast vollständig erhaltenen Stadtmauer Beeskows sieht man hier den Luckauer Torturm, Dicker Turm genannt.

St. Marien in Beeskow, eine spätgotische Backsteinkirche, ist seit April 1945 Ruine, bestimmt aber noch immer das Bild der Stadt. Mit ihrem Wiederaufbau wurde 1992 begonnen.

Die Beeskower Hochfläche, die die Spree zum Ausweichen nötigt, ist im östlichen Teil karg und sandig, im westlichen aber, auf Storkow zu, waldreich und an Wasser nicht arm. Seenketten, durch Fließe verbunden, die, heute kaum glaublich, früher Walk-, Schneide- und Mahlmühlen trieben, lassen ihr Wasser in Spree oder Dahme fließen, oft auf Umwegen über andere Gewässer, so daß (früher zum Nutzen der Binnenschiffahrt und der Holzflößerei, heute zur Freude der Wassersportler) fast alle Seen auf Wasserwegen erreichbar sind. Die kalten und klaren Wasser des Tiefsees bei Limsdorf zum Beispiel hätten es, flössen sie südlich, nah zur Spree, nur vier Kilometer; sie fließen aber nach Norden, durch vier kleine Seen in den größten der Mark, den Scharmützel, biegen nach Westen in die Gewässer um Storkow, dann in die Dahme und erreichen die Spree erst ganz unten, nach einer Reise von etwa achtzig Kilometern, bei Berlin-Köpenick.

Beeskow-Storkows Geschichte bietet kaum Höhepunkte. Germanische Semnonen, slawische Lusiki, deutsche Kolonisatoren, preußische Beamte und sächsische Parteifunktionäre kamen nacheinander in diese Gegend, aber ein Ereignis, das die Geschichtsbücher hätten verzeichnen können, kam nie. Den Wettinern und der Böhmischen Krone, die hier im Mittelalter die Lehnshoheit hatten, waren die beiden Herrschaften so uninteressant wie später den brandenburgischen Kurfürsten und preußischen Königen; und nur einer von ihnen, der Soldatenkönig, besuchte sie mehrmals, erst zur Jagd und dann, um in der Abgeschiedenheit Kossenblatts seine Gicht auszusitzen, während er sich die Zeit mit dem Malen von Bildern vertrieb.

Während von den Germanen, die sich in die lieblicheren Gefilde des deutschen Südwestens absetzten, nur Speerspitzen und Urnengräber zurückblieben, sind die seßhaften Slawen bis heute durch Orts- und Familiennamen präsent. In den zwei Städtchen (deren End-W, das sei für Süddeutsche gesagt, stumm bleibt) zeugen noch Reste der Burgen, in vielen Dörfern unverwüstliche Feldsteinkirchen von den ersten deutschen Siedlern, Mönchen und Rittern, und von den Preußen blieben Kasernen, Straßen, bizarr gewachsene Maulbeerbäume und die Vorliebe für Kartoffeln zurück.

Reich war man hier immer an Wäldern, Seen, Sandflächen und Sümpfen, arm an Kulturgütern, Fabriken und fruchtbaren Äckern, und da auch berühmte Persönlichkeiten nur dünn gesät waren, nimmt man vorlieb mit dem durch Heinrich von Kleist (als Michael Kohlhaas) bekannten Terroristen Hans Kohlhase, dem Storkow zeitweilig als Schlupfwinkel diente, mit Tschech, einem Storkower Bürgermeister, der umgebracht wurde, weil er den König hatte umbringen wollen, mit Ludwig Leichhardt, einem Australienforscher, und mit einem Beeskower Stadtkämmerer französischer Herkunft, der leider nicht Theodor Fontanes Großvater war, sondern der seiner Frau. Um deren gute und schlechte Seiten zu charakterisieren, schrieb ihr der Gatte einmal in ungnädiger Laune, sie sei halb aus Toulouse und zur anderen Hälfte aus Beeskow, wobei er (obwohl er in *Vor dem Sturm* gesagt hatte, daß Beeskow besser als sein Ruf sei) wohl meinte: spießbürgerlich, kleinstädtisch, provinziell.

Als Fontane 1862 hier reiste und auf den Äckern der Sandplateaus die Halme zählen zu können meinte, bezeichnete er die Gegend als uninteressant und öde; zwanzig Jahre später jedoch, als er ihre Wälder und einsamen Seen entdeckte, nannte er sie ein romantisches Land. Nachfühlen lassen sich diese Gegensätze noch heute, doch sind ihre Ausprägungen schwächer geworden; neuzeitlicher Ackerbau hat die Felder fruchtbarer werden lassen, und die Wälder und Seen sind im Sommer von Urlaubern belebt. Dann bestimmen nackte Haut und schreiende Farben das Bild der Kleinstädte und der seenahen Dörfer; die mit der Marktwirtschaft aus dem Boden geschossenen Imbißbuden haben keinen Mangel an Kunden, und der Motorenlärm wächst auch auf Nebenstraßen stark an.

Will man die Provinz in ihrer wahren Gestalt erleben, muß man in der kalten Jahreszeit kommen, wenn man in den Dörfern, die oft so seltsame Namen wie Ranzig, Stremmen, Sauen, Markgrafpieske, Neu-Boston oder Philadelphia tragen, keinem Menschen auf der Straße begegnet und die Verkäuferinnen in den seltener werdenden kleinen Läden zum Plaudern aufgelegt sind. Über die Sehenswürdigkeiten des Ortes wird man bei ihnen das Notwendigste erfahren, und sie werden einem Spuren von einer Lebenshaltung vermitteln, an der, ungeachtet der großen Nöte und Sorgen, ein ruhiger Gleichmut, ein Gefühl, Zeit zu haben, besticht.

Besonders im Großstädter, der Hektik gewohnt ist, kann sich hier leicht die Vorstellung entwickeln, er sei beim Verlassen der Autobahn Berlin-Frankfurt/Oder in eine Vergangenheitswelt geraten, in der die Zeit stehengeblieben ist. Sie ist aber nicht stehengeblieben, sie ist nur in eine andere Richtung gegangen als in den westlichen Wohlstandsgebieten, in eine von Armut bestimmte Richtung, die sich äußerlich nicht so deutlich markiert. Der Autoverkehr, der wie ein Krieg tägliche Opfer fordert, ist auch hier längst schon zum Götzen geworden, doch sieht man das der Betonplattenautobahn aus den dreißiger Jahren und den schmalen Chausseen mit schattenspendenden Bäumen nicht an.

Auch die Eisenbahn mit ihren Bahnhöfen aus rotem Backstein läßt an Vergangenheit denken. Wenn auch Dieselmaschinen die kohlegetriebenen Lokomotiven inzwischen ersetzen, hat sich auf ihren schmalen, oft nur notdürftig befestigten Strecken seit ihrer Erbauungszeit, der Jahrhundertwende, nur wenig geändert. Selbst die Fahrpläne sind über Jahrzehnte hinweg fast die gleichen geblieben; denn die eingleisige Streckenführung mit nur wenigen Ausweichstellen läßt eine dichtere Zugfolge nicht zu. Die Befürchtung der weniger werdenden Eisenbahnfahrer, die Strecken könnten nicht ausgebaut, sondern eingestellt werden, könnte bald Wirklichkeit werden, wenn die landschaftzerstörende Straßenbaumanie sich nicht bald legt.

Aber sie wird sich nicht legen. Denn die riesigen Lastwagen, die in dieses Milch produzierende Land Butter aus Holstein und Irland bringen, brauchen schnurgerade und breite Straßen zum Rasen, und die Kleinstädte brauchen Umgehungsstraßen, damit der Verkehr in ihren vom Lärm, Staub und Abgasen erfüllten Gassen nicht ganz zum Erliegen kommt. Spreebrükken müssen gebaut werden, um die Stauräume zu entlasten. Denn, wie im Mittelalter, findet auch heute der Flußübergang fast nur in den Städten, Lübben, Beeskow und Fürstenwalde, statt.

Die Markplätze der Städte, die in DDR-Zeiten ihre angestammte Funktion so gut wie verloren hatten, sind nun wieder von Park- zu Handelsplätzen geworden, in Beeskow vom Durchgangsverkehr umtobt. Hier hatte der Krieg in seinem Endstadium nicht so heftig gewütet wie in Lübben, Fürstenwalde, Wriezen und Frankfurt/Oder, aber das Zentrum von Beeskow hatte es doch getroffen; noch steht, allerdings schon von Baugerüsten umgeben, St. Marien, eine spätgotische Backsteinkirche, als imposante Ruine da. Sie steht etwas abseits vom Markt, in einem verkehrslosen, von alten Linden beschatteten Winkel. Hier und am Spreeufer, im Fischerkietz unter der Burg und an der Stadtmauer, kann man die Stille, die der Stadt eigentlich zukommt, immer noch spüren. Sie war immer die wohlhabendere der Schwesterstädte und hat auch heute, trotz Verkehrslärm, noch etwas Ehrwürdiges, während das Beste am ärmlichen Storkow seine Lage zwischen mehreren Seen ist.

Bedeutende Adelssitze gab es zwischen Spree und Dahme nicht viele. Der Soldatenkönig, der lieber als in Berlin und Potsdam im ärmlichen Jagdschloß Wusterhausen residierte, schätzte diese Gegend ihres Wildreichtums wegen, sein Sohn Friedrich aber, der unter der Primitivität Wusterhausens immer gelitten hatte, mochte sie nicht. Sie ist herber und zerrissener als die liebliche Landschaft an der Havel, und da keiner der späteren Preußenkönige an ihr Interesse zeigte, wurde nie ein Potsdam oder Rheinsberg daraus. Bis ins 18. Jahrhundert hinein sprach ein Teil der Einwohner hier noch Sorbisch. Als Fontane sich aufmachte, um von Köpenick aus mit einem Segelboot die Wendische Spree (das ist die Dahme) hinaufzufahren, sprach er von Wendei und von Expedition, als gelte es, die Quellen des Nils zu erkunden und nicht den Teupitzer See. Er bedauerte die mangelnde Geschichtsträchtigkeit dieser Gegend, das Fehlen von Schlachten zum Beispiel. Doch hat sich das inzwischen in schrecklicher Weise geändert, denn hier an der Dahme, zwischen Königs Wusterhausen, Halbe und Teupitz, fand mit der Einkesselung der deutschen 9. Armee durch die Russen die letzte Vernichtungsschlacht des Zweiten Weltkrieges statt. 40 000 Soldaten mußten hier vor Kriegsende noch sterben. Sie wurden an Seeufern, Wegen und Waldrändern begraben und in den Jahren danach erst durch Initiative des Pfarrers von Halbe, Ernst Teichmann, umgebettet und, soweit es noch möglich war, identifiziert. 1951 wurde mit der Anlage des Waldfriedhofs in Halbe begonnen, 1960 wurde die Umbettung abge-

Die Beeskower Hochfläche ist in ihrem östlichen Teil trocken und sandig, in der Storkower Gegend reich an Wasser und Wald. Die Seen sind meist durch Fließe verbunden, die früher oft Mühlen trieben und heute die Wassersportler erfreuen.

schlossen. 22 000 deutsche Soldaten liegen hier unter Kiefern begraben; hinzu kamen Russen, die in deutschen Gefangenenlagern verhungert waren, und 6 000 Deutsche, die in sowjetischen Internierungslagern der Nachkriegsjahre den Tod fanden. Halbe ist ein Ort des Gedenkens und der Mahnung im märkischen Sand.

Der schlichte, oft melancholische, nie überwältigende Reiz der Landschaft des Spreelandes besteht vor allem im Wechsel. Hier gibt es keine weitschwingenden Hügel mit hohem Himmel wie weiter im Norden, keine tafelglatten Wiesenflächen mit weiten Horizonten wie im Havelländischen Luch. Hier ist die Landschaft meist kurzgegliedert. Sandplateaus senken sich bald wieder zu Flußniederungen und Sümpfen; jähe Erhebungen gibt es, die Berge heißen und bis zu 140 Meter Höhe aufweisen; dürftige Äcker, von baumbestandenen Straßen und Wegen durchzogen, grenzen an trokkene Kiefernwälder, deren Eintönigkeit eine zum See führende Birkenallee unterbricht. Um die Gewässer herum ist die Landschaft teilweise zersiedelt, selten aber weiten sich Bauerndörfer zu größeren Wohnsiedlungen aus.

Noch immer sind die Wahrzeichen der Dörfer die Kirchen: die aus Feldsteinen gefügten des Mittelalters, die aus Fachwerk gebauten des 17. und 18. Jahrhunderts, die klassizistischen Putzbauten, wie die große Kirche von Straupitz, die Schinkel erbaute, und viel Neogotik von 1900, oft mit dem entsprechenden Pfarrhaus dabei. Die Toten werden meist noch rund um die Kirche begraben; doch wurden manche alten Friedhöfe auch eingeebnet und die neuen, als ob die Toten ausgeschlossen werden sollten, nach draußen verlegt. Auf allen Friedhöfen lassen sich nicht nur soziologische Studien, sondern auch solche zum Zeitgeschmack machen; unsere Zeit schneidet nicht gut dabei ab.

Die Bauern, die ihre Abhängigkeit von Klöstern, adligen Gutsherren oder königlichen Domänen erst nach den Reformen des vorigen Jahrhunderts langsam verloren, bauten sich, als sie wohlhabener wurden (zum Teil unter betrügerischer Verwendung von Feuerversicherungsgeldern, siehe den in einem märkischen Dorf spielenden *Roten Hahn* von Gerhart Hauptmann) imposante Höfe mit Häusern, die wie kleine Schlösser von Gutsherren aussehen sollten, oft im verspäteten Stil der Schinkel-Schule, aus Backstein oder in Putztechnik, klassizistisch verziert. Das vor allem durch sie geprägte Bild der märkischen Dörfer hatte sich bis 1945 ziemlich unverändert erhalten, dann begann für das, was der Krieg übriggelassen hatte, der langsame, weniger durch Armut als durch die Landwirtschaftspolitik bewirkte Verfall. Die großen Höfe, von mehr als einhundert Hektar, wurden enteignet, teilweise aufgeteilt, teilweise verstaatlicht, Anfang der fünfziger Jahre führte eine repressive Politik zu einer ersten Fluchtwelle, die viele Mittelbauern nach Westen trieb. Die Kollektivierung begann und wurde mit Zwang 1960 beendet, doch ging dann die Entwicklung, die das über Jahrhunderte hin ziemlich gleich gebliebene bäuerliche Leben radikal ändern sollte, erst richtig los.

Als Fontane 1862 auf der Beeskower Hochfläche unterwegs war, fand er die Äcker so ärmlich, daß er glaubte, die Halme zählen zu können. Heute sind zwar die Erträge höher, aber Trockenheit und leichte Böden sind noch immer für die Landwirtschaft ein Problem.

Anfangs wurden nur die Äcker zusammengelegt und so dem individuellen Zugriff entzogen, dann mußte auch das Vieh den Landwirtschaftlichen Produktionsgenossenschaften (LPG) übergeben und in Großställen gehalten werden, und schließlich wurden die Genossenschaften vieler Dörfer in einigen Zentren zu riesigen Betrieben zusammengezogen und der Ackerbau von der Viehhaltung völlig getrennt. Der sogenannte Genossenschaftsbauer war auf diese Weise zum Arbeiter geworden, der morgens (oder auch nachts, denn in den Großställen und während der Erntezeiten muß im Schichtsystem gearbeitet werden) in ein anderes Dorf, das möglicherweise viele Kilometer entfernt ist, zur Arbeit fuhr. Er arbeitete als Traktorist, Stallwärter oder Motorenschlosser, bekam einen Lohn, der ihn an den Gewinnen (falls welche gemacht wurden) in komplizierter Weise beteiligte, hatte Anspruch auf geregelte Arbeitszeit, Urlaub, Krankengeld und auch Altersversorgung; der Verlust seiner Selbständigkeit wurde ihm also mit sozialer Absicherung bezahlt. Von der Möglichkeit, in geringem Umfang selbst Vieh zu halten, machten nur Leute Gebrauch, die unter dem Brachliegen ihrer Privatinitiative litten; die Masse, der man nicht mehr anmerkte, daß früher in jedem Bauern ein Stück Unternehmertum steckte, hatte sich an die Zwangsproletarisierung, die ein bescheidenes Einkommen sicherte und jedes Risiko ausschloß, gewöhnt. Die Beziehung zu den eignen Äckern, Wiesen und Wäldern war völlig verlorengegangen, oft wußten die Kinder, auch wenn sie Trecker und Mähdrescher über die riesigen Felder steuerten, nicht mehr, wo das eigene Land eigentlich lag. Nach dem Ende der DDR gab es nur wenige Bauern, die von der Möglichkeit, nun wieder eigne Familienbetriebe zu gründen, auch Gebrauch machen wollten; neben dem Mut zu risikoreichem Selbständigwerden fehlt den zu Spezialisten Ausgebildeten auch das vielfältige Können, das ein Bauer benötigt, und die relativ kleinen Betriebe halten der Konkurrenz der noch bestehenden Genossenschaften, die sich marktwirtschaftlich umorientiert haben, nicht stand.

Was man in der DDR Fortschritt nannte, markiert sich aber nicht nur an den rainlosen Feldern, die sich, nur mit Roggen oder Kartoffeln oder Lupinen bewachsen, teils trostlos, teils imposant von dem einen Dorf bis zum andern erstrecken, sondern auch an den Dörfern selbst. In den ersten Genossenschaftsjahren machten die meisten von ihnen einen verwahrlosten Eindruck, da die funktionslos gewordenen Ställe und Scheunen Verfallsspuren zeigten; heute wirken sie aufgeräumt, sind aber nicht schöner dadurch geworden, eher steril. Wer Dörfer aus der Vergangenheit kennt, wird als erstes die Hühner und Gänse, die Schwalben und Spatzen vermissen, die früher die sandige oder kopfsteingepflasterte Straße belebten; dann wird ihm auffallen, daß ihm nicht nur der Anblick von Menschen (die anderswo ihrer Arbeit nachgehen oder am Fernseher sitzen), sondern auch der anheimelnde Stallgeruch fehlt. Lärmt kein Durchgangsverkehr, herrschen Leere und Stille; nur eine Katze, seltener ein Hund, überquert

Der deutsche Soldatenfriedhof in Halbe ist der größte in Brandenburg. An seiner Entstehung war der damalige Pastor von Halbe, Ernst Teichmann, maßgeblich beteiligt. Hier ruhen die Opfer der letzten Kesselschlacht des Zweiten Weltkrieges, in der Ende April 1945 die deutsche 9. Armee fast völlig vernichtet wurde.

vorsichtig den Fahrdamm – es sei denn, es ist Sonnabend, an dem die Straßen gefegt werden müssen und alte Frauen mit Gießkanne und Harke zum Friedhof gehen. Gerät man allerdings in ein Dorf mit landwirtschaftlichem Zentrum, kann man sich vor Lärm und Gestank der Traktoren nicht retten. Barackenähnliche Großviehställe wetteifern an Häßlichkeit mit Futtersilos, Schuppen für Landmaschinen und zwei- bis dreistöckigen Neubaublocks in Plattenbauweise; und die neuetablierte Marktwirtschaft paßt sich mit Billigmärkten, die notdürftig in Lagerhäusern installiert wurden, in die Scheußlichkeiten gut ein. Die alten Bauernhäuser werden klein vor diesen Kolossen, und die ästhetische Geschlossenheit der Siedlung wird völlig zerstört.

Auf ästhetische Abwege führte meist auch die amtlich verordnete Dorfschönheitspflege, weil als schöner galt, was stadtähnlich und pflegeleicht war. Da wurden die alten Kastanien und Linden an der Dorfstraße geopfert, um plattenbelegte Gehwege, die niemand benutzt, zu schaffen, und um die alten Häuser moderner erscheinen zu lassen, wurden die Fenster vergrößert und die Türen mit Vordächern aus gelbem Plastik versehen. Da wurden Mauern und Zäune entfernt, um koniferengeschmückte Vorgärten anlegen zu können, und das warme Backsteinrot der alten Häuser wurde vom Rauhputz verdeckt. In Dörfern, die in diesem Sinne perfekt waren, fehlten die Bäume, ein Haus sah aus wie das andere, und auf dem Anger verkümmerte ein Rosenstrauch hinter kettenverzierten Mäuerchen aus Beton.

Eine tradierte Volkskultur, wie in der weiter südlich gelegenen Lausitz, wo Umgebindehäuser, Bauernmöbel und Trachten von ihr noch zeugen, hat es in diesem ärmlichen Landstrich wohl nur in bescheidenem Maße gegeben, so daß in diesem Jahrhundert die Industriekultur in ihrer trivialsten Form kaum Widerstand fand. Der Kleinbürgergeschmack, den dann die DDR förderte, wurde zwar durch ständigen Mangel daran gehindert, sich auszutoben, trug aber auch dazu bei, daß manches überkommene Schöne verfiel. Wer Lust hat, dem nachzutrauern, sollte ehemalige Gutsparks und Herrensitze aufsuchen, die den alten Eigentümern nicht zurückgegeben wurden und für die sich kein Investor findet, so daß sich der Verfall aus DDR-Zeit noch fortsetzt, manchmal sogar rascher als früher, weil niemand die Gebäude mehr nutzt.

Es war nicht nur Armut, die solche Verwahrlosung förderte, es war auch eine politisch erzeugte Traditionslosigkeit. Lange Jahre hindurch geriet jeder, der die Erhaltung der alten Adelssitze verlangte, in den Verdacht reaktionärer Gesinnung, und als sich das änderte, war es, da die Zeit auch in dieser Hinsicht voranschreitet, in manchen Fällen zu spät.

Bescheiden ist das Leben im Spreeland immer gewesen. Auch die Marktwirtschaft wird daran schnell nichts ändern. Der Reichtum des Landes besteht in seinen Flüssen, Seen und Wäldern, in seiner Ruhe und in relativ reiner Luft. Auf diese besinnt man sich jetzt und hofft auf Verdienst durch verstärkte Touristik, doch bleibt die vorläufig noch aus. Wie man annimmt, liegt das an der Komfortlosigkeit der angebotenen Quartiere, an schlechten Straßen und der Zurückgebliebenheit der Gastronomie. Man wird also Hotels an die Seen bauen, Wiesen zu Parkplätzen machen, neue Straßen anlegen, die vorhandenen verbreitern - und damit der Gegend ihren Charakter nehmen und sie zu einer machen, in die zu reisen es sich nicht lohnt.

Die Baumvernichtung an den Straßen hat im letzten Jahrzehnt schon begonnen. Um in den Dörfern und Städten breitere Fahrbahnen und gepflasterte Gehwege zu schaffen, hat man alte Linden und Kastanien geopfert. Damit die Autos hindurchrasen können, hat man die Dörfer schattenlos, kahl und unansehnlich gemacht. Den Landstraßen aber hat man die Bäume bisher größtenteils noch belassen. Auf den Hochflächen sind es meist Obstgehölze, Pflaumen, Äpfel, seltener mächtige Süßkirschen. Im Frühjahr fährt man durch Spaliere weißer und rötlicher Blüten, im Herbst färbt Fallobst die Fahrbahnen, und im Winter lauert in jedem Straßenabschnitt auf kahlen Zweigen ein Bussardpaar. Birkenalleen, die bei Wind in Bewegung geraten, scheinen keinen anderen Nutzen als ihre weißluftige Schönheit zu haben, wohingegen eine von alten Linden, Eichen oder Kastanien beschattete Straße, die nicht nur der Vogelwelt Lebensraum bietet, auch von dem abgestumpftesten, für Naturschönheiten unempfindlichsten Autofahrer ihrer erfrischenden Kühle wegen als Wohltat empfunden wird. Eine hundert Jahre alte Allee sollte man wie sein eigenes Haus bewachen und schützen; denn sie braucht auch in modernen Zeiten wieder hundert Jahre zum Wachsen. Reichtümer dieser Art gibt man nicht widerstandslos weg.

Es gibt Straßen und Dörfer, die zum Durchfahren, und solche, die zum Bleiben einladen, und das hat auch etwas mit Bäumen zu tun.

»O, keinen Rheinfall, keine Kokosinsel,
Kein Lavathal und keinen Palmenhain,
Nur diese *Wunder würd' ich konterfei'n,*
Hätt' einen Tag ich einen Meisterpinsel.«
(Aus: Schmidt: »Die Gegend bei Potsdam.«)

PASTOR SCHMIDT VON WERNEUCHEN

Als Carl Friedrich Zelter, der Leiter der Berliner Singakademie, im Sommer 1821 zum Grafen von Itzenplitz nach Kunersdorf reiste und in Werneuchen das Wechseln der Pferde abwarten mußte, benutzte er die Gelegenheit, um den Pastor des Städtchens zu sehen. Endlich, so berichtete er brieflich dem Duz-Freund Goethe, habe er den »Sandpoeten«, der diese elende Gegend besungen habe, besuchen können, und er meinte mit dem Wort »endlich« die Zeit seit 1796, als das Werk des dichtenden Pastors von Goethe parodiert worden war.

Für Preußen waren diese fünfundzwanzig Jahre eine bewegte Zeit gewesen. Es hatte sich mühsam aus den europäischen Kriegen herausgehalten, war dann doch in sie verwickelt und besiegt und besetzt worden, hatte sich von Napoleon befreit und durch Reformen verändert – an dem dichtenden Pastor aber war das alles fast spurlos vorbeigegangen. Er war, als Goethe ihn parodiert hatte, Prediger in Werneuchen gewesen und blieb es dreiundvierzig Jahre, bis an das Ende seines Lebens, das, glaubt man seinen Gedichten, ein ruhiges, genügsames, zufriedenes Leben war. Das gußeiserne Grabkreuz neben der Kirche, das heute noch steht, nennt Namen und Datum: Friedrich Wilhelm August Schmidt, gestorben den 26. April 1838. Sein Pfarrhaus daneben wurde 1930 abgerissen und durch ein neues ersetzt.

Als Sohn, Enkel und Urenkel von Pastoren war Schmidt 1764, im ersten Friedensjahr nach dem Siebenjährigen Krieg in Fahrland bei Potsdam, das er später in einem seiner schönsten Gedichte besang, geboren worden; doch dauerten die »süßesten Freuden der frühen Jugend« nur neun Jahre, weil der Vater starb, und die Mutter mit fünf Kindern zu Verwandten in das benachbarte Döberitz ziehen mußte, das aber auch nur Durchgangsstation für ihn wurde; denn man verbannte ihn nach Berlin.

Die vorgeschriebene graue Anstaltskleidung des Schindlerschen Waisenhauses, einer privaten Stiftung in der Wilhelmstraße, die ihren Zöglingen durch Stipendien auch eine Berufsausbildung möglich machte, mußte er nun sechs Jahre lang tragen. Dann wechselte er für zwei Jahre über in die Klosterstraße, in das berühmte Gymnasium zum Grauen Kloster, in dem, unter anderen bekannten Männern, auch Karl Philipp Moritz, der Autor des *Anton Reiser*, sein Lehrer war. Drei Jahre studierte er Theologie in Halle und bekam 1786, als Zweiundzwanzigjähriger, seine erste, miserabel bezahlte Stellung, als Feldprediger, also Militärgeistlicher, am Invalidenhaus in Berlin.

Friedrich II., der das Invalidenhaus im Berliner Norden (an das heute noch die Invalidenstraße erinnert) vierzig Jahre zuvor hatte bauen lassen, war gerade gestorben; der lebenslustige, kunstsinnige Friedrich Wilhelm II. regierte; das Bürgertum wurde in geistigen Bereichen tonangebend; es begann die große Zeit der Klubs und Salons.

Jeder, der sich im Berlin dieser Zeit einen Namen machte, gehörte zu einer dieser Gruppen und Zirkel, nur der Feldprediger Schmidt blieb als

Dichter ein Einzelgänger: der Mann vom Dorf, dem die Stadt nicht behagt.

Vom Gegensatz zwischen Stadt und Land handeln fast alle Gedichte, die er seit 1787 in Zeitschriften und Almanachen veröffentlichte, ab 1793 besonders in dem von ihm mit herausgegebenen *Neuen berlinischen Musenalmanach*. Als seine Gedichte 1796 gesammelt erschienen, war darin nichts, und sei es nur indirekt, von der durch die Französische Revolution und die Teilung Polens bewegten Zeitgeschichte zu lesen, dafür aber, wie er im Vorwort sagt, von seiner persönlichen Lebensgeschichte, also vom dörflichen Paradies der Kinderjahre, von Liebe, Vermählung und Vaterfreuden und vor allem von »Sehnsucht nach ländlichem Glück«.

Zu dieser Zeit hatte er schon alles erreicht, was er wollte: 1790 war die vielbedichtete Henriette seine Frau geworden, zwei Kinder waren geboren worden (eins davon allerdings wieder gestorben), und er hatte die ersehnte Berufung aufs Land. Sein Gedicht *Abschied von Berlin*, das Anfang 1796 die *Berlinische Monatsschrift* brachte, verkündete den Lesern, daß er den Kerker der Stadt verlassen konnte und fortan sein Glück in Werneuchen finden würde, bei »Boll' und Sellerie«.

Bereut hat er diese Entscheidung wohl nie. Er lebte sein Leben so genügsam und abseitig, wie er es hatte leben wollen, und Enttäuschungen blieben ihm dabei erspart. So zufrieden war er mit dem Erreichten, daß seine poetische Kraft, die die Sehnsucht bewegt hatte, darüber erlahmte, aber da es ihm nie als erstrebenswert gegolten hatte, sich als Lohn für »sauren Fleiß« im Kupferstich »bekucken« zu lassen, nahm er auch das mit Zufriedenheit hin. Seine Gedichte der nächsten Jahre besangen nun nicht mehr ersehntes Glück, sondern genossenes; dann war sein einziges Thema erschöpft. Den 1815 erschienenen *Neuesten Gedichten*, die durch den frühen Tod seiner Frau ausgelöst worden waren, fehlte, wie seinen Ritter- und Schauerballaden, die naive Originalität seiner früheren Werke. Poeten, deren Ruhm kurzlebig war, hat es viele gegeben, kaum einen aber, der so wenig ruhmsüchtig war wie der weise Schmidt.

Als Zelter ihn 1821 in seiner Pfarre besuchte, schilderte er ihn Goethe als stattlich und rundlich, »mit einer Art Kohlhaupt, dem Augen und Mund eingeschnitten zu sein scheint«. Was damit gemeint ist, zeigt ein anonymes Ölporträt Schmidts, das sich in Halberstadt im Gleim-Haus befindet. Über schwarzem Pastorengewand und Bäffchen sitzt ein dicker, fast runder Kopf mit fleischiger Nase und Doppelkinnansatz; die schmalen Augen blicken verschmitzt den Betrachter an. Das Lächeln, das den Mund breit macht, soll sicher Selbstgenügsamkeit ausdrücken, zeigt aber, vielleicht gegen den Willen des Malers, mehr Selbstbewußtsein mit Spuren von Eitelkeit. Wer seine Gedichte liebt, stellt ihn sich anders vor.

Daß er in den wenigen Jahren, in denen er in der Literatur präsent war, beim Lesepublikum ankam, ist anzunehmen. Dafür sprechen nicht nur die mehrfachen Auflagen, sondern auch die Zahl und die Bedeutung der Rezensenten; denn außer Goethe und Wieland gehörten auch Tieck und

Von den Säulenkolonnaden, die den Ehrenhof von Sanssouci begrenzen, öffnet sich der Blick auf den Ruinenberg. Diese Parks und Schlösser der Residenzstädte waren es, die der landsüchtige Pastor Schmidt floh.

»Schon kranckt dein Geist, genesen kann er nur
Weit, weit entfernt von Fasching, Ball und Bühne,
Komm, rette dich in meinen Arm und söhne
Dich wieder aus mit Einfalt und Natur.«
(Aus: Schmidt: »Der Meierhof«)

»O, wolan! so soll's uns ferner ziemen,
Deine Reitze, Vaterland, zu rühmen,
Wenn ein Undankbarer, dir nicht hold,
Nur dem Ausland Lobgesänge zollt.«
(Aus: Schmidt: »Der Sipunt bei Fahrland«)

August Wilhelm Schlegel dazu. Der Außenseiter, so scheint es, befriedigte ein vorhandenes Lesebedürfnis, und die tonangebenden Literaten, mit Ausnahme Wielands, versuchten nachzuweisen, daß das mit unkünstlerischen Mitteln geschah. Daß Goethe, der außer der Parodie auch zwei *Xenien* gegen ihn richtete, ihn für unbedeutend und provinziell erklärte, hat seinem Ansehen sicher geschadet, ihm aber auch den kleinen Nachruhm gesichert, den er verdient. Denn ein Name, der in Goethes Gedichten und in den *Xenien* vorkommt, ist für die Literaturgeschichte nicht tot.

Die meisten Kritiker der Schmidtschen Gedichte nahmen die leichten Gebilde schwerer, als man sie nehmen sollte; sie legten falsche Maßstäbe an. Schulmeisterhaft rügten sie, was sie lustig oder rührend hätten finden sollen: die Unbeholfenheit der Verse, die ungewöhnliche Wortwahl, die Naivität der Gedanken und vor allem die Gegenstände, die da besungen wurden, die Enten und Spinnen, Teiche und Disteln, die als unpoetisch empfunden wurden. Das Alltägliche, fand man, konnte kein Gegenstand der Dichtung sein.

Zu den »Gemeinheiten«, wie Tieck das nannte, gehörten auch die märkischen Wälder, Sandwege und Sümpfe; denn diese schön und poetisch zu finden, fiel sonst keinem ein. »Gewiß«, heißt es in der Jenaer *Allgemeinen Literaturzeitung* vom 5. Dezember 1797, »wenn man Sandgruppen so angenehm findet, als fruchtbare Auen, ebenso gern Unken rufen als Nachtigallen singen hört, eine Entenpfütze lieber ansieht als den Rheinfall, ...so hat man eine Zufriedenheit mit der gemeinen Natur sehr wohlfeilen Kaufs. Allerdings ... dürfte der Landschaftsmaler, der bloß Sümpfe, Heiden und Sandhügel darstellen wollte, ebenso wenig Liebhaber finden als ein Prediger viele Zuhörer für seine noch so erbaulichen Betrachtungen über einen Besenstiel.« Und Tieck, der in ähnlichem Sinne argumentierte, war der Meinung, daß Schmidt den »Namen eines Dichters« nur verdiente und »in der Gesellschaft der Musen gelitten« werden könnte, wenn er es sich abgewöhnte, »alles so durcheinander schön zu finden«, wie in dem Gedicht *Die Dorfkirche*, das er als abschreckendes Beispiel wählt:

»Wie schön die Fensterscheiben, rund und düster!
Des Altars Decke, wo die Motte kreucht!
Die schwarzen Spinngewebe, die der Küster
Selbst mit dem längsten Kehrwisch nicht erreicht!
Wie schön der Todtenkränze Flittern,
Die hier gestäubt am kleinen Chore zittern!«

Daß die Kritik immer wieder auf die Gegenstände seiner Dichtungen zu sprechen kam, hatte Schmidt freilich auch selbst provoziert. Im Vorbericht zu den *Gedichten* von 1796 hatte er nämlich eine Art poetischen Programms verkündet, indem er bescheiden, wenn auch nicht ohne Stolz, behauptet hatte, daß durch ihn Neues in die Dichtung hineingekommen sei. »Der Leser verstehe mich recht, Diktion, Versbau, Bilderwahl u.s.w. in diesen Gedichten machen zwar nicht den geringsten Anspruch auf Neuheit, wohl aber die meisten Gegenstände, die ich poetisch zu bearbeiten versucht habe; und dies sind: simple, kunstlose Naturscenen. Unverschönerte, wilde, ländliche, gemeine Natur ist meine Göttin. Ich bin weit entfernt, mit irgend einem unserer Dichter von Werth mich messen zu wollen; aber *das* glaube ich mit Wahrheit behaupten zu können: daß selbst von geschätzten Dichtern die Natur selten *wahr* kopirt worden sei. Man hat an ihrer Einfalt gekünstelt. Solche Verschönerungen wird man in diesen Blättern vermissen...«

Das war eine Herausforderung, die Dichterkollegen und Kritiker bereitwillig annahmen: Man nahm ihn beim Wort »Kopie«, wies ihm (wie es hundert Jahre später die Naturalisten zu hören bekamen) Vorliebe für Häßliches nach (Tieck: »Schöne Natur scheint ihm ein Aberglaube zu sein.«) - und übersah dabei völlig, daß die Gedichte den theoretischen Behauptungen des Verfassers gar nicht entsprachen. Da war doch nichts nur »kopirt«, da war doch alles »verschönert« durch Liebe des Mannes vom Lande zum Land, des Natursüchtigen zur Natur, des Märkers zur Mark. Im Prinzip unterscheiden sich Schmidts Natur- und Genredarstellungen gar nicht von denen seiner berühmten Kollegen; hier wie dort dienten sie der Vermittlung von Stimmungen und Gefühlen. Daß damals, besonders von Tieck, nur »bloße Beschreibung«, bei der »Nüchternheit die Seele ergreift«, gesehen wurde, daß man »Herz« und »Gefühle« vermißte, wird heute nur noch verständlich, wenn man bedenkt, daß das Gewöhnliche des Lebens in der damaligen Dichtung das Ungewöhnliche war. Den erhabenen Gefühlen, die man in der Poesie zu finden gewohnt war, entsprachen die Alpen, der Rhein oder Italien. An deren Stelle die Jungfernheide oder die Gegend bei Potsdam zu bieten, galt (wie August Wilhelm Schlegel es ausdrücklich sagte) als anti-poetisch.

Als der verständnisvollste Rezensent erwies sich der alte Wieland. Er nahm Schmidt für das, was er war: Ein selten vorkommendes Naturtalent, das recht daran tat, die Welt gerade so darzustellen, »wie sie sich in seiner Seele abspiegelte«, und das eigne kritische Maßstäbe verdiente. »Wenn Amseln oder Grasmücken in ihrer Art lieblich singen, warum soll ich mich verdrießen lassen, daß sie keine Nachtigallen sind?«

Mehr oder weniger bewußt und verdeckt lassen manche Kritiken aber auch anklingen, wo der wirkliche Grund für die mangelnde Größe dieser Dichtungen liegt: In ihrer geistigen Begrenztheit nämlich, die bedingt ist durch den engen Horizont des Verfassers. Daß Goethes Parodie sich auf diesen Punkt konzentriert, macht sie als Kunsturteil aussagekräftiger als viele Auslassungen der Kritiker. Wenn auch die Arroganz des gebildeten Städters und weitgereisten Hofmannes, dem Einfachheit dumm, Natürlichkeit barbarisch erscheint, besonders den Liebhaber der »wilden« Natur der Mark stört, so ist doch nicht zu leugnen, daß Schmidts belächelnswerte

Wald, Wiese und Weide, Maus und Mücke, Kalb und Kuh – alles Ländliche war des dichtenden Pastors Glück.

Beschränktheit köstlich getroffen ist:

»Ob es kräftig oder zierlich
Geht uns so genau nicht an:
Wir sind bieder und natürlich
Und das ist genug getan.«

Bei aller Treffsicherheit und Schärfe des Urteils enthält Goethes Parodie, unter charakterisierender Nachahmung versteckt, auch Anerkennung für den Parodierten, der doch die Bausteine geliefert und damit einen Beitrag zum Gelingen geleistet hat. Sich zum Parodieren durch einen Größeren zu eignen, ist gewissermaßen auch ein Verdienst. Denn Farblosigkeit läßt sich nicht parodieren. Die Parodie braucht als Vorlage kräftige Eigenart, die sie dem Original dann durch ihre Güte bescheinigt. Etwas vom Geltenlassen des Grasmückengesangs schwingt deshalb auch bei Goethe mit. Daß er sich dessen bewußt war, zeigt eine Notiz, die sich in seinem Nachlaß fand: »Schmidt von Werneuchen ist der wahre Charakter der Natürlichkeit. Jedermann hat sich über ihn lustig gemacht, und das mit Recht; und doch hätte man sich über ihn nicht lustig machen können, wenn er nicht als Poet wirkliches Verdienst hätte, das wir an ihm zu ehren haben.«

War das Preisen der märkischen Natur bei Schmidt auch neu, so überhaupt nicht das der ländlichen Glückseligkeit.

»Hier merk' ich, daß die Ruh' in schlechten Hütten wohnet,
Wenn Unglück und Verdruß nicht der Paläste schonet;
Daß es viel besser ist, bey Kohl und Rüben stehn,
Als in dem Labyrinth des Hofes irre gehn.«

So sehr diese Verse sich auch nach Schmidt von Werneuchen anhören: Gedichtet hat nicht er sie, sondern der Frühaufklärer Friedrich von Canitz aus Blumberg bei Berlin, hundert Jahre vor Schmidt, und sie stehen nur hier; um zu zeigen, wie alt das Motiv schon war, das der Werneuchener Prediger immer wieder variierte. Das ganze 18. Jahrhundert hindurch war es oft bemüht worden. Albrecht von Hallers *Die Alpen* (1792) lebten von ihm genauso wie Salomon Geßners *Idyllen* (1756). Es wurde durch den Einfluß Rousseaus verstärkt, klang in Goethes *Werther* an (wo der Held als Gesandtschaftssekretär »manche Stunde in ländlichen Scenen von ungemischter Glückseligkeit« verträumte), und es war auch in Voltaires *Candide* da, wenn der Titelheld am Schluß endlich Ruhe fand, indem er seinen Garten bebaute. Aus dem unmoralischen Hofleben in die Zufriedenheit schenkende Ländlichkeit flüchteten auch die Helden aus Maximilian Klingers Schauspiel *Das leidende Weib*, und zwar unter dem modern klingenden Motto: »Wir leben uns selbst«. In den Romanen war die Suche nach ländlichem Glück so verbreitet, daß ein Rezensent in Nicolais Zeitschrift

Allgemeine Deutsche Bibliothek 1770 folgenden Wunsch vorbrachte: »Die Neigung zur Landwirtschaft verbreitet sich in unserm ökonomischen Jahrhundert auch allmählich auf die Romanschreiber. Wenn sie doch den heilsamen Entschluß faßten, ihr Handwerk aufzugeben und selbst Landwirte zu werden!«

Diese bürgerliche Land-Schwärmerei hatte von Anfang an einen antihöfischen, antifeudalen Zug und unterschied sich dadurch von den Schäferspielen des Adels. Die ersehnte Flucht (die in der Realität selten ausgeführt wurde: Schmidt von Werneuchen ist da eine rühmliche Ausnahme!) war mehr eine vom Hofe als aus der Stadt. Sie war Ausdruck eines Protestes, der durch Rousseau dann teilweise zivilisationsfeindlich wurde, immer aber feudalfeindlich blieb. Der Tugendhafte, der tugendhaft bleiben wollte, mußte den Hof und die Residenzstadt fliehen, weil dort Korruption und Lasterhaftigkeit herrschten. Menschlichkeit und Sittlichkeit, die er suchte, fand er in einer Traum-Ländlichkeit – die traumhaft immer bleiben mußte, sollte sie ihre Aufgabe erfüllen: lichter Gegensatz zum dunklen Hofleben zu sein. Realistische Darstellung der wahren Zustände auf dem Lande hätte die Idealität, die man in diesem Zusammenhang brauchte, zerstört. Sprachlich dokumentierte sich das unter anderem darin, daß man selten den Begriff Bauer benutzte, fast nur vom Landmann und vom Landleben sprach, sozial also unkonkret blieb und damit die Assoziierung von harter Arbeit, Armut und Unterdrückung weitgehend vermied. Das armseligste Leben eines Fronbauern paßte unter solche Begriffe so gut wie das vergleichsweise privilegierte eines Landpfarrers.

Obgleich Schmidt von Werneuchen nur seiner individuellen Land-Sehnsucht Audruck gab und sich der Tradition, in der er stand, kaum bewußt war, sind deren Spuren in seinen Gedichten doch sichtbar. Kritik, wenn sie überhaupt direkt vorkommt, ist immer Kritik an der Stadt, die als Residenzstadt deutlich wird: Schlösser und Parks, Orden und Bänder, Luxus und Prunk werden als finsterer Hintergrund herbeizitiert, um auf ihm die Reinheit des Landlebens leuchten zu lassen – die von keinem Schatten getrübt wird, selbst von dem schwerer Arbeit nicht, weil die ihre Schwere verliert durch die Freude, mit der man sie leistet.

Die Neuheiten, die Schmidt, nach eigener Aussage, in die Dichtung einbrachte, waren tatsächlich nur die Gegenstände, nicht aber die Idyllen, zu denen er sie gruppierte. Als Dichter ländlicher Idyllen stand er nicht nur am Ende einer langen Reihe von Vorgängern, er hinkte diesen sogar hinterher. Denn in dem Jahrzehnt, in dem seine Gedichte entstanden, lag schon eine Idyllendichtung vor, die die reine Idealisierung des Landlebens überwunden hatte: die Prosa-Idyllen Jean Pauls (*Schulmeisterlein Wutz, Quintus Fixlein, Der Jubelsenior)*, die keine mehr waren, weil das Glück in ihnen mühsam dem Schmerz abgerungen war, und die realistischen Idyllen von Johann Heinrich Voß, der der Darstellung von Leibeigenschaft und Fronarbeit nicht mehr aus dem Wege ging.

In der Nähe von Kirche und Pfarrhaus, wo Schmidt von Werneuchen sein Landleben genoß und bedichtete, liegt er auch begraben. In der Literaturgeschichte wird er durch Goethes Spott weiterleben, in seinem Städtchen vergaß man ihn nie.

Voß hatte, etwa zehn Jahre vor Schmidt, auch Verse geschrieben wie diese:

»Ihr armen Städter trauert
Und kränkelt in der Stadt,
Die euch wie eingemauert
In dumpfe Kerker hat.
O wollt Ihr Freude schauen,
so wandelt Hand in Hand
Ihr Männer und ihr Frauen,
Und kommt zu uns aufs Land!«

Schmidt hatte davon nicht nur gelernt: Er hatte das auch origineller zu machen verstanden, kam aber über die Stadt-Land-Problematik selten hinaus, während Voß sich von ihr löste und tiefer in die Wirklichkeit des Landlebens eindrang. Unmittelbarkeit und lebendige Frische hatte Schmidt dem etwas trockenen Voß voraus; in der schönen Konkretheit des Details konnte er sich mit ihm messen; daß aber trotzdem auch Schmidts schönste Gedichte über Fahrland und Döberitz an die *Luise* von Voß (die in einem Ort namens Grünau spielt) nicht heranreichen, liegt daran, daß dem Werneuchener die Weite des Blickfeldes und die Gedankentiefe fehlen. Daran hat wohl auch Goethe gedacht, als er die treffende, auf Schmidt gemünzte *Xenie* schrieb:

»Das Dorf Döbritz
In *der* Art versprechen wir euch die sämtlichen Dörfer Deutschlands, aber es wird dennoch kein Grünau daraus.«

Daß die Literaturwissenschaft Schmidt von Werneuchen kaum zur Kenntnis nahm, hat vielleicht mit Goethes Spöttereien zu tun. Andere haben sich davon nicht abschrecken lassen. Jacob Grimm hat Schmidt geschätzt und in seinem großen Wörterbuch oft zitiert. Theodor Storm hat Gedichte von ihm in sein *Hausbuch aus deutschen Dichtern* aufgenommen. Fontane hat sich mehrfach verständnisvoll über ihn geäußert. Und viermal sind seit Schmidts Tod Gedichtsammlungen von ihm erschienen. Die letzte ist die umfangreichste von ihnen, so daß man ein Anwachsen des Verständnisses für ihn annehmen kann.

Das hängt sicher nicht nur mit der Neuentdeckung der Mark Brandenburg zusammen, sondern auch mit der Unmenschlichkeit großer Städte, deren Naturferne Fluchtträume fördert, die selten zu realisieren sind. Aber für Menschen, die Grund haben, sich vor den Folgen des technischen Fortschritts zu fürchten, hat solch ein Traum, ist er nur schön und genau, seelischen Wert in sich selbst. Schmidts heitere und heile Landwelt paßt prächtig in diese Träume. Mit seiner in Reime gebrachten Sehnsucht ist Identifizierung möglich, ohne ihn und sich selbst sonderlich ernst zu nehmen; denn das Gefühl, daß hier einer sich selbst parodiert, löst die durch men; denn das Gefühl, daß hier einer sich selbst parodiert, löst die durch ihn freigesetzte Sentimentalität in Heiterkeit auf. Schmidts Land-Paradies gibt es nicht und hat es auch zu seiner Zeit nicht gegeben, aber es gab und gibt die Land-Sehnsucht, die sich heute keiner so unbefangen, unproblematisch und unvollkommen auszusprechen erlaubt wie er.

Genießen kann freilich diese Verse nicht jeder. Sinn für den Reiz von Naivität muß man schon haben. Man muß sich nicht nur über den gewollten Frohsinn dieser Gedichte, sondern auch über den unfreiwilligen Humor freuen können. Die besten Beispiele dafür bietet die *Bauernhochzeit*, wo der Braut nicht nur vor Sehnsucht nach gebackenen Pflaumen beide Daumen glänzen, sondern ihr auch die Stirn »von nicht gesparter Seife« blinkt. Auch an seltsamen Wortbildungen (wie Kneller, der sich auf Teller, oder wie quäckern, das sich auf meckern reimen muß) kann man sich freuen ohne Gewissensbisse. Denn das Lachen über diese Gedichte beschädigt sie nicht.

Wer aber ein schlichtes Gemüt nur verachten kann, Unbeholfenheit, auch so origineller Art, nicht verträgt oder, wie Schmidts Zeitgenossen, märkischen Sand für literaturunwürdig hält, der bleibt dem Werneuchener Pfarr- und Dichterhaus besser fern. Besucher, die nicht aus Neigung, sondern aus Neugier zu ihm kamen, waren dem Pfarrer (der übrigens nie religiöse Gedichte gemacht hat), wie seine *Bitte an das Glück* zeigt, ein Greuel.

»Uns gewähr' in unserm Sorgenfrei
Eine nur, nur Eine fromme Bitte:
Neugier drängt und ach! Empfindelei
Aus der Stadt, zu rühmen Flur und Hütte.

Send', o Göttin, naht ein solcher Schwall,
Uns zum Schutze Regen her in Bächen!
Thürm' ein Wetter auf mit Blitz und Knall,
Oder laß ein Wagenrad zerbrechen!«

Kommt man heute an sein Grab in Werneuchen, liegen dort manchmal Blumen. Die bescheidenen Sträuße scheinen die passendsten für ihn zu sein.

Zwischen dem Tod Friedrich des Großen und Fouqués frühen Dichtungen liegen nur zwei Jahrzehnte, aber zwischen dem Geist, der in Sanssouci herrschte, und dem der Fouquéschen Ritterromane liegen Welten, obwohl beides zu Preußen gehört.

DER ROMANTIKER IM HAVELLAND

DIE WEISSE ROSE

Im Sommer 1829 besucht die russische Zarin Alexandra Feodorowna, die vor ihrer Heirat Charlotte hieß, ihren Vater, den preußischen König Friedrich Wilhelm III., in Berlin. Ihr zu Ehren wird am 13. Juli, ihrem Geburtstag, im Neuen Palais in Potsdam ein aufwendiges Hoffest gefeiert, das den romantischen Namen »Zauber der weißen Rose« trägt. Alles, was in Berlin, Potsdam und Umgebung Rang und Namen hat, ist mitwirkend oder zuschauend daran beteiligt. Das Hofgelände zwischen dem Palais und den Communs ist zu einem mittelalterlichen Turnierplatz umgestaltet worden, geschmückt mit Fahnen und Standarten, die das Symbol des Festes, die weiße Rose, zeigen. Die Freitreppen der Communs sind die Tribünen. Mitglieder der besseren Gesellschaft haben hierfür Eintrittskarten kaufen können. Die gegenüberliegenden zeltüberdachten Treppen des Palais sind für die königliche Familie und den Hof bestimmt. In der Mitte sitzt, unter golddurchwirktem Baldachin, neben ihrem königlichen Vater die Herrin des Festes, die seit ihrer Kindheit in der Familie Blancheflour, die weiße Rose, heißt.

Drei ritterlich kostümierte Herolde eröffnen das Spektakel. In den ersten der vielen noch folgenden schlechten Verse, die Herzog Karl von Mecklenburg, Bruder der verstorbenen Königin Luise, also Onkel der Zarin, verfertigt hat, bitten sie ihre Kaiserliche Hoheit um die Erlaubnis zum Beginn des Turniers. Unter Trompetenschall reiten die ritterspielenden Aristokraten, ganz echt mit Rüstung und Helm verkleidet, mit Schwert, Schild und Lanze bewehrt, in die Arena, allen voran der Kronprinz, der spätere König Friedrich Wilhelm IV. – den neunzehn Jahre danach seine Untertanen mit einer Revolution überraschen werden. Nach dem Reiten des Carroussels beginnen die Kampfspiele. Man sticht mit Lanzen nach blumenumkränzten Scheiben, wirft den Spieß, schlägt mit dem Säbel wächserne Mohrenköpfe entzwei und reitet auch, die blanke Klinge schwingend, aufeinander zu, ohne sich weh zu tun. Dann sucht jeder Ritter seine zeitgerecht verkleidete Dame, man formiert sich zu einem farbenprächtigen Zug und verschwindet im Schloß. Das große Publikum kann nach Hause gehen. Wer aber zum Hof und zu dessen engerer Umgebung gehört, hat erst ein Drittel des Festes hinter sich. Das Ganze dauert zwölf Stunden.

Schauplatz des zweiten Teils ist das reizende kleine Theater, in dem man der Fülle wegen sehr schwitzt und sich der Fadheit des Gebotenen wegen langweilt. Die von Schauspielern gestellten lebenden Bilder allegorischen Inhalts nehmen kein Ende. Schuld daran ist weniger Schinkel, der sie entwarf, als der mecklenburgische Herzog, dem die Verse, die zum Auftreten all der Musen, Genien, Feen und Heroen gesprochen werden, überlang geraten sind. Zur Erholung folgt ein Souper. Dann geht es in langen Reihen durch die Gänge des Schlosses in den Grottensaal, wo es trotz der tausend Kerzen, die ihn beleuchten, angenehm kühl ist. Nach

Auf der Dominsel in Brandenburg, wo sich auch die Ritterakademie befand, war Fouqués Großvater, der General, Domherr. Daß Fouqué hier zur Welt kam, ist wahrscheinlich, aber nicht erwiesen. Er könnte auch in der Stadtwohnung der Fouqués geboren sein.

Sieben Kinderjahre verbrachte Fouqué in Sacrow an der Havel, der Pfaueninsel gegenüber. Die basilikaähnliche Heilandskirche, die Ludwig Persius nach einer Skizze Friedrich Wilhelm IV. schuf, wurde erst 1844 erbaut.

einem Ballett folgt der Ball, zu dessen Schlußphase die Verteilung der Kampfpreise gehört. Die Zarin überreicht sie den vor ihr knienden Rittern. Wer keine goldene Kette, keinen Pokal, keinen türkischen Säbel bekommt, erhält als Belohnung für die Mitwirkung eine Rose aus Silber, mit weißer Schleife verziert. Die aber wird auch einem verliehen, der gar nicht mitgewirkt hat, weil er nicht mehr jung und gesund genug dazu ist, der aber mit kindlichem Ernst an diesen Vergangenheitsspielen hängt, ein Mann von kleiner Statur, mit rundem Kopf und kurzem Hals, durch den er fast wie bucklig wirkt, nicht schön also, doch mit klangvollem Namen: Friedrich Baron de la Motte Fouqué.

Den bewegt die Aufmerksamkeit, die man ihm erweist, so sehr, daß er einige Tage danach einen Zyklus von zehn Gedichten schreibt, der das Fest besingt. Die »Ostland-Herrin« wird darin als »Rosen-Fee« gerühmt und edler Rittersinn beschworen. Der Grottensaal erinnert ihn der Muscheln, Korallen und Kristalle wegen an Undine, und wenn er reimend die Preisverleihung beschreibt, enthüllt er auch, warum er selbst dabei nicht leer ausging:

»Hoher Sinn ehrt edles Streben,
ob nicht vom Erfolg gekrönt.
All der Kämpfer künftig Leben
wird vom Rosen-Licht verschönt.

So erging es auch dem Sänger,
jetzt gehemmt vom Krankheits-Bann,
Der im Krieg nun ach! nicht länger
leistet, was er kühn begann.

Weil er in prophet'scher Ahnung
früh von Blancheflour einst sang,
giebt als Sangs- und Kampfes-Mahnung
sie auch ihm den Rosen-Dank.«

In seiner elf Jahre später geschriebenen Autobiographie weist er dann für alle, die nicht wissen, daß Blancheflour eine der Hauptpersonen seines erfolgreichsten Romans gewesen ist, ausdrücklich auf den *Zauberring* hin, in dessen Rittergeist das Fest gefeiert worden war. Hochfeierlich schreibt er, sei ihm bei der huldreichen Ehrung zumute gewesen, aber er gesteht sich nicht ein, daß es traurig ist, einer Ehrung von ganz oben zu bedürfen. Neben anderem aus dieser Zeit bleibt auch der Gedichtzyklus lange ungedruckt.

In der Handschriftenabteilung der Staatsbibliothek in Berlin kann man das steil und regelmäßig geschriebene Manuskript auch noch heute bewundern.

Nach diesem Ehrentag wird Fouqué noch dreizehn Jahre leben und schreiben, für die deutsche Literatur aber ist er eigentlich schon tot. Kaum ein Verleger will den ehemals populären Autor noch drucken, weil kaum ein Leser sich mehr für ihn interessiert.

LEBEN AN DER HAVEL

Die aus Mecklenburg kommende Havel, die zwischen Spandau und Potsdam ihren Lauf nach Westen nimmt, um hinter Brandenburg wieder nach Norden zu fließen, schließt von drei Seiten die als Havelland bezeichnete Landschaft ein. Hier ist Fouqué geboren, hier hat er den weitaus größten Teil seines Lebens verbracht.

Sein Geburtshaus stand, wie man annimmt, nicht nur an, es stand inmitten der Havel, auf der Dominsel von Brandenburg nämlich. Im Mittelalter hatten hier die Bischöfe residiert. Nach der Reformation war der Bischofssitz in ein Domherrenstift umgewandelt worden, dem man später ein Erziehungsinstitut für junge märkische Adlige, die sogenannte Ritterakademie, angeschlossen hatte. Als oberster Domherr (Probst) hatte Fouqués Großvater, ein General Friedrich II., der dem König auch persönlich nahegestanden hatte, hier seine letzten Lebensjahre verbracht und so viel Geld gespart, daß sich nach seinem Tode der Sohn, des Dichters Vater, der seine Offizierslaufbahn krankheitshalber hatte abbrechen müssen, ein Gut kaufen konnte. 1780, in Fouqués drittem Lebensjahr, zog die Familie dorthin um, nach Sacrow an der Havel, nicht weit von Potsdam, der Pfaueninsel gegenüber. Doch trotz der Schönheit der Halbinsellage, des Herrenhauses und des großen Parks blieb man nicht lange dort, weil man über seine Verhältnisse lebte; die sandigen Äcker brachten zu wenig Ertrag. 1787 wurde das Gut wieder verkauft und ein anderes erstanden: Lentzke im Havelland, westlich von Fehrbellin. Dort lebte man in Ländlichkeit. Die Residenzstädte waren weit, die Wege schlecht, Haus und Park, verglichen mit der Sacrower Pracht, bescheiden. Statt der breiten Havelseen gab es nur ein winziges Flüßchen, den Rhin, statt der Nachbarschaft von Schlössern und Gärten nur Wiesen und Äcker. Von Winteraufenthalten in Berlin oder Potsdam abgesehen, lebte Fouqué hier bis in sein siebzehntes Jahr. Dann wählte er den Beruf, den er nicht lange ausüben, dem er aber geistig sein Leben lang treu bleiben sollte: den des Offiziers.

Große Karriere machte er nicht. 1794 trat er als Kornett (Fähnrich) in ein Kürassierregiment ein, machte die letzten Feldzüge des Koalitionskrieges gegen die Französische Republik mit, lag jahrelang in Aschersleben und Bückeburg in Garnison, nahm 1802 als Leutnant seinen Abschied und kehrte ins Havelland zurück - nach Nennhausen, östlich von Rathenow. Denn Gut Lentzke, das nach dem Tod der Eltern sein Eigentum geworden war, gehörte ihm schon nicht mehr. In Bückeburg hatte der Einundzwanzigjährige geheiratet, bei der Scheidung, vier Jahre später, alle Schuld auf sich genommen und Geld und Gut der Frau überlassen. Als mittelloser Leutnant a. D. und angehender Dichter zog er im Dezember 1802 auf Schloß Nennhausen ein. Vier Wochen später war er der Schwiegersohn des Gutsbesitzers, des alten Herrn von Briest, der das seit hundert Jahren im Besitz der Familie befindliche Gut wirtschaftlich hochgebracht und durch einen ausgedehnten Park verschönert hatte.

Die Haustochter und Erbin Karoline, geborene von Briest, verwitwete von Rochow, nun Baronin de la Motte Fouqué, war drei Jahre älter als ihr Mann, eine große, zur Fülle neigende Schönheit, in Berlin und Potsdam als Lebedame bekannt, später als produktive Romanschriftstellerin berühmt. (»Sie ist als Hausfrau besser, als sich literarisch drucken lassend«, heißt es in einem Brief von E.T.A. Hoffmann.) Sie brachte drei Kinder mit in die Ehe, in deren erstem Jahr noch ein viertes, Fouqués Tochter Marie, hinzukam. Varnhagen schildert sie als herrschsüchtig und eitel, und Arno Schmidt weist nach, daß sie Fouqué, der sie demütig liebte, nicht nur betrog, sondern auch bevormundete und ihn seine finanzielle Abhängigkeit immer spüren ließ. Er hat es aber bis zu ihrem Tode an ihrer Seite ausgehalten, auf diese Weise niemals wirtschaftliche Not erlebt und (da er sich um das Gut, von dem er lebte, nicht zu kümmern brauchte) Zeit gehabt zum Träumen und zum Dichten. In Nennhausen ist, bis auf wenige Ausnahmen, sein dichterisches Werk entstanden, und Schloß und Park wurden durch ihn zu einem Treffpunkt der literarischen Welt.

Einige Erinnerungen an diese Glanzzeit sind im heutigen Nennhausen noch zu finden. Dem Schloß, einer ursprünglich barocken Dreiflügelanlage, war irgendwann ein Flügel verlorengegangen; der Rest war 1860 in gotisierendem Tudorstil umgebaut worden, hatte nach 1945 das Standesamt, den Kindergarten, die Schule beherbergen müssen und war schließlich, 1983, durch Fahrlässigkeit ausgebrannt. Der Park ist, wenn auch verwildert, noch immer vorhanden, doch schließt man am besten die Augen, wenn man sich vorstellen will, wie es war, als August Wilhelm Schlegel, Varnhagen von Ense, Chamisso, E.T.A. Hoffmann, Heinrich von Kleist oder Wilhelm von Humboldt das gastliche Haus besuchten, man sich vorlas, musizierte, auf der Terrasse Gespräche führte oder weite Parkspaziergänge machte, bis hin zum Gräninger See. Aus Briestscher Zeit gibt es im Park noch ein Denkmal, das Karolines Vater einem frühverstorbenen Bruder hat setzen lassen und dessen Rückseite die (Fouquéschen?) Verse zieren:

»Hier sahe Briest der Schöpfung Pracht.
Nie wird er sie hier wieder sehen.
Doch wenn er einst von langem Schlaf erwacht,
Sieht er sie neu und unvergänglich schön.«

Um noch eine Spur Fouqués zu finden, muß man in die Nennhausener Dorfkirche gehen. Dort hat er, als Major der Freiwilligen Jäger aus den Befreiungskriegen heimgekehrt, seinen Reiterdegen aufgehängt und mit

Petzow, ein gut erhaltenes Gutsdorf aus der ersten Hälfte des 19. Jahrhunderts, am Schwielow-See gelegen, erhielt auf Veranlassung Friedrich Wilhelm IV. 1842 eine neoromanische Kirche. Sie steht auf einer Anhöhe, von der aus sich ein Ausblick auf den Glindower See bietet.

der für ihn bezeichnenden Inschrift versehen: »Dieses Schwerdt hat Friedrich Baron de la Motte Fouqué im Jahre 1813 zur Vertheidigung des Vaterlandes ehrlich geführt und es zu Gottes Lob und Preis für den Sieg der gerechten Sache hierher geweihet am 13. Januar 1814.«

Als Fouqué 1833 das Havelland für immer verließ, hatte er fast fünfzig Jahre in ihm gelebt, dreißig davon schreibend; in seinen Werken aber war es so gut wie nicht erschienen. Das Havelland war die Wirklichkeit. Aus ihr aber war Fouqués Dichtung nicht gemacht.

DER TREUE RITTER

Fouqués Zeitgenossen sind sich in der Beurteilung seiner Aufrichtigkeit einig. Auch wer sein Denken und Dichten kritisiert oder verspottet, nennt ihn redlich, brav, anständig, bieder und rechtschaffen, und selbst im Alter, als keiner der Freunde mehr denkt wie er, zollt man seiner Kompromißlosigkeit Achtung. Während die Welt sich ändert, bleibt Fouqué, wie er war. Auf seine Rückständigkeit ist Verlaß. Indem er sich neuen Erkenntnissen verweigert, bleibt er sich selber treu.

Der Zeit gemäß denkt er nie, da er sie, so wie sie ist, nicht zur Kenntnis nimmt. Schon das Kind wächst in eine Welt hinein, die eine vergangene nicht genannt werden kann, weil es sie so, wie er sie sieht, nie gab. Es ist eine Feudalwelt, gewiß aber eine erträumte. Nicht eigentlich der Adel herrscht in ihr, sondern die adlige Tugend, die Fouqué immer wieder Ritterlichkeit nennt. Aufgefordert, diese zu definieren, spricht er von »einem zarten Wesen, fast ebenso zart wie die jungfräuliche Unschuld«, die »gleich ihr, nicht sowohl definiert sein will als vielmehr dargestellt und in ihrer Reinheit behütet«.

Er weiß also keine Definition, weiß nur, daß man fühlen muß, was er erjagen will, hält überhaupt von Gefühlen mehr als von Verstand und Wissen, weiß auch von Geschichte wenig, obwohl er ständig über sie schreibt, und von der Wirklichkeit will er als Dichter nichts wissen. Die Ritter seiner Kindheitsträume begleiten sein kindliches Gemüt durch das ganze Leben und sind in den Gedichten, Dramen, Romanen, Erzählungen, Autobiographien, Aufsätzen und Briefen gegenwärtiger als das, was ihn an Gegenwärtigem umgibt. Sie, die kraftstrotzenden, edlen Recken, haben die Ritterlichkeit, die er meint.

Nicht weniger lebhaft als mit Siegfried, Roland, Hermann und anderen Heroen lebt der Knabe, und später der Mann, mit der Vergangenheit der eignen Familie, die sich bis in die Normandie des 13. Jahrhunderts zurückverfolgen läßt. Seine Religion, an der er eisern festhält, ist die, um derentwillen seine Vorfahren Frankreich verlassen mußten. Die Armee, in die er eintritt, ist die, in der sein Großvater General war. Die von ihm verehrten preußischen Herrscher haben seinen Vorfahren Asyl gewährt. Der große Friedrich, dessen Leiche der Knabe mit ehrfürchtigem Schauder besichtigen konnte, war mit dem Großvater befreundet gewesen. Auch der neue König hat die Fouqués nicht vergessen. Sie werden zu Hoffesten geladen. In Sacrow werden sie von der königlichen Familie besucht. Der Knabe spielt mit den Prinzen, dem Kronprinzen. Sein Leben lang wird Treue gegenüber dem König für ihn das Selbstverständlichste sein. Den geheimen antifranzösischen Verbindungen vor 1813 wird er sich, trotz patriotischer Begeisterung, erst anschließen, wenn er der Billigung des Königs sicher sein kann.

Als Ludwig Hülsen, ein Fichte-Schüler, in Lentzke sein Hauslehrer wird, lernt er zwar viel von ihm, ist aber in seinen Adelsvorstellungen schon so gefestigt, daß es, trotz persönlicher Sympathie, zu Zerwürfnissen kommt. Einen Mann, den die alten Burgen an »Zwingherrn« und »Tyrannen« erinnern, kann Fouqué nicht verstehen. Er verabscheut die Vernunftsphilosophie des 18. Jahrhunderts, liebt die Mystik Jakob Böhmes und läßt keinen Einbruch von Realität in seinen phantastischen Konservativismus zu.

Da der Glanz seines Rittertraums ihm auch die Gegenwart vergoldet, kann er Militär und Krieg nur idealisierend sehen. Von dem vielfach bezeugten moralischen Tiefstand des preußischen Offizierskorps vor 1806 ist bei ihm nichts zu spüren, wenn er, in Abfall und Buße zum Beispiel, über die Zeit seines Garnisonslebens schreibt. Er formt das ganze Heer nach seinem Bilde, so daß es nur anständige, weichherzige, poetische, »dem edlen Frauendienst sittig ergebene« Offiziere gibt. Wenn aber dann gar sein König 1813 das Volk zu den Waffen ruft und Fouqué ihm die havelländischen Freiwilligen zuführt, hat der auf der Höhe seines Ruhms stehende Dichter-Offizier vollends das Gefühl, daß Rittertraum und Wirklichkeit eins sind; dann wird er selbst zu einer der Gestalten des *Zauberrings*.

Mehr der Idee von Ritterlichkeit als der französischen Herkunft ist es wohl zu verdanken, daß sein preußisch-deutscher Patriotismus frei von dem widerlichen Franzosenhaß ist, der die meisten Dichtungen der Befreiungskriege so unausstehlich macht. »Der echte Soldat hat für würdige Gegner einen unparteiischen, ja wahrhaft liebenden Sinn«, heißt es in einer Erzählung bezeichnenderweise, und ein Satz wie dieser läßt ahnen, daß dem Ritter Fouqué der Krieg nicht Mittel zum Zweck ist, sondern Zweck selbst. Die Unzahl von Kämpfen, die in seinen Büchern stattfinden, Einzelgefechte meist, werden vorwiegend der Ehre wegen geführt, und in den Schlachten kämpft selten Gut gegen Böse, sondern meist ein würdiger (das heißt seinem Herrscher ergebener) Haufe gegen den anderen würdigen, der auch lächelnd und christlich getröstet zu sterben versteht.

Fouqués Kriegsbegeisterung, die ihn Schlachtfelder nur schön und erhaben sehen läßt, gründet in seiner Auffassung vom Adel als der Kriegerkaste der Nation. Die wirtschaftlichen Grundlagen der Feudalordnung interessieren ihn nicht. Obwohl er fast immer von adligem Großgrundbesitz lebt, hat er mit dessen Wirtschaft und Verwaltung nie etwas zu tun. Wenn in seinen Werken das Verhältnis von Großgrundbesitzer und abhängigen

Im Schloß Nennhausen, einer ursprünglich barocken Anlage, die 1860 von F. H. L. von Arnim im Tudor-Stil umgebaut wurde und 1983 ausbrannte, sind fast alle Werke Fouqués entstanden. Viele Persönlichkeiten der Berliner Romantik waren hier zu Gast.

Bauern überhaupt erscheint, dann nur als eins patriarchalischer Harmonie: Ritterlichkeit erfordert auch, den Leuten ein guter Beschützer und väterlicher Ratgeber zu sein. Wenn beide Seiten ihre Pflicht tun, denkt er, können nur beide gewinnen; denn die friedliche Arbeit des Landmannes wird beschützt von der Herrschaft, die die kriegerische erledigt. Die dem Adligen durch die Arbeit anderer geschaffene Muße muß er dazu benutzen, »die edle Kunst der Waffen zu üben und zu ergründen« und »in die Gesinnungen der Ehre und des freudigen Mutes von Jugend an durch Gespräch, Erzählung und Anschauen eingeweiht« zu werden, schreibt Fouqué nach 1815, als er seinen Konservativismus auch gegen die Freunde verteidigen muß. Nicht abgeschafft müssen die Adelsvorrechte werden, sondern erneuert durch Ritterlichkeit. Nur wer diese nicht hat, also Kriegsdienst verweigert, sollte der Vorrechte verlustig gehen.

Das einzige Zugeständnis, das er dem 19. Jahrhundert machte, war, die Unzeitgemäßheit der Ritterburgen zuzugeben. Ein Edler aber mußte sich in sie und ihre Zeit zurückträumen können. Er mußte also so sein, wie der Dichter der *Undine* sich selber sieht:

»Und fragt dann eine wohl nach mir,
So sprich: Er ist ein treuer Ritter,
Und dient den Fraun mit Schwert und Zither
Bei Tanz und Mahl, Schlacht und Turnier.«

Auch ohne Rosinante und Sancho Pansa ähnelt der Baron aus der Mark doch sehr dem Hidalgo aus der Mancha – den er übrigens gekannt, geliebt und mißverstanden hat. Einen fünfzehnseitigen Artikel hat er über ihn geschrieben, ohne seine eigene Problematik zu erkennen. Denn Don Quijote, so meint er, suchte ja die »irrende Ritterschaft«, er dagegen die fest in den Staat integrierte.

KUSS DER POESIE

Wenn auch nur Grillparzer (in seiner Selbstbiographie) so weit geht, zu behaupten, »daß ein großer Teil der Nation ihn [Fouqué] dem Altmeister Goethe an die Seite setzte«, so ist doch sicher richtig, daß etwa zwischen 1810 und 1815 Fouqué eine große Rolle im literarischen Leben Deutschlands spielte. Als Herausgeber von Anthologien, Jahrbüchern, Zeitschriften, als hilfsbereiter Förderer anderer Autoren, als Briefschreiber und Übersetzer war er außerordentlich rege, vor allem aber waren seine Romane und Erzählungen sehr beliebt. Schnell war er, durch August Wilhelm Schlegel angeregt und gefördert, bekannt geworden; schnell schrieb er seine Versdichtungen, Dramen, Erzählungen und Romane, die schnell gelesen werden konnten. Genauso schnell aber waren sie auch wieder vergessen. Er war ein zweitrangiger Autor, der durch die Zeitströmung, der er entsprach, zeitweilig wie ein erstrangiger erscheinen konnte. Man brauchte Helden, und man fand sie bei ihm. Als man sie nicht mehr brauchte, sah man, daß seine nur kostümierte Puppen waren, und der Spott, mit dem man den Autor bedachte, fiel besonders grausam aus, weil er den Lesern selbst hätte gelten müssen: Sie hatten, weil Stoff und Tendenz ihnen gefielen, bunte Oberflächlichkeit für hohe Kunst gehalten. Den kurzen Ruhm mußte Fouqué mit langer Verachtung bezahlen. Die Literaturgeschichtsschreibung überbot sich fortan in Geringschätzung. Eine witzige Bemerkung Börnes über die »centaurischen« Romane Fouqués variierend, versah Georg Brandes 1875 den ehemals vielgerühmten Roman *Der Zauberring* mit dem Etikett »Poesie für Kavallerie-Offiziere«: »Das einzige, was Fouqué in diesem Roman zu bewältigen gelingt, sind die Pferde.«

Produktiv war Fouqué bis an sein Lebensende, erfolgreich aber nur in der Zeit der napoleonischen Besetzung, unter deren Druck die Deutschen sich ihrer Nationalität entsannen. Die deutsche Einigkeit und Größe, die man in der Gegenwart vermißte, fand man in germanischer Vorzeit und im Mittelalter – und ein national gefärbtes Christentum gleich mit. Deutsch-Sein, Ritterlich-Sein und Christlich-Sein war eins. Unter diesem Dach konnten sich alle verbünden: die chauvinistischen und demokratischen Arndt und Jahn mit dem nichtchauvinistischen Fouqué, der so gar nicht demokratisch war, dafür aber populär.

Da der Adel unter Napoleons Herrschaft um seine Privilegien bangte und Bürger und Bauern unter Besatzung, Kontributionen und Handelssperren litten, konnte die national-romantische Bewegung breite Bevölkerungsschichten ergreifen, die zu dankbaren Fouqué-Lesern wurden. Die Stoffe aus der deutschen Geschichte und den nordischen und deutschen Sagen, die Fouqué zum Teil vor der Fachgermanistik aufgriff, reizten sowohl durch ihre Neuheit als auch durch ihre auf Stärkung des Nationalgefühls wirkende Tendenz und boten, anders als die frühere Romantik, keine Leseschwierigkeiten. Ohne Rücksicht auf geschichtliche und geographische Wahrheit und Genauigkeit ging es phantastisch und abenteuerlich bei Fouqué zu. Gedankentiefen waren vermieden, und die Sprache war eingängig, weil schablonisiert. Mit Recht meinte Heine, daß »Herr Fouqué … der einzige von der romantischen Schule ist, an dessen Schriften auch die niederen Klassen Geschmack gefunden« haben. Man kann aber auch weniger freundlich sagen: Fouqué hat die Romantik trivialisiert.

Eine Gesamtausgabe von Fouqués Werken gibt es nicht. Trotz der großen Arbeit von Arno Schmidt sind von den verstreut gedruckten Schriften nicht einmal bibliographisch alle erfaßt. Begibt man sich auf die Suche, merkt man bald, daß die Arbeit nicht lohnt. Zu unkritisch hat der Schnellschreiber produziert. Besonders schwach sind ihm dabei die Gegenwartsstoffe geraten, weil in ihnen die unzeitgemäße Tendenz sichtbarer wird. Am schlimmsten sind die Volksgestalten, die so, wie der Baron sich das Volk wünscht, empfinden müssen, wie *Paul Pommer* zum Beispiel, der brave alte Kriegsinvalide, der vor seinem Pflegesohn strammsteht, als der mit Leutnantsrang aus den Befreiungskriegen zurückkommt, und der ihm die Hand seiner Tochter verweigert, weil ein Offizier nicht ein Armeleutekind heiraten kann.

Nur wenige der vielen Erzählungen Fouqués sind noch heute genießbar. Neben dem *Galgenmännlein* ist das vor allem seine berühmte *Undine*, die schon bei ihrem Erscheinen nur gelobt worden ist. Dem Freund Chamisso hat sie genauso gefallen wie E.T.A. Hoffmann, der nach ihr die erste deutsche romantische Oper komponierte, und auch Heinrich Heine hat sie in der *Romantischen Schule* gerühmt. Auch heute kann sie, trotz ihrer altertümelnden, süßlichen Sprache, noch rühren, weil bei ihrer Entstehung nicht nur Erfindung, sondern auch Erfahrung die Feder führte, so daß in Fouqués künstliche Welt das Leben eindringt. Wenn Ähnliches manchmal auch in anderen Geschichten und in den Romanen aufblitzt (im *Alethes von Lindenstein* vor allem), ist ihm das in dieser Geschlossenheit sonst doch nie gelungen, so daß er sein Weiterleben in der Literatur allein der *Undine* verdankt.

Von einem Riesenwerk bleiben also nur achtzig Seiten! Die Tragödie eines Tendenzschriftstellers kann man das nennen. Es ist aber auch ein warnendes Beispiel: Literatur lebt von guten Absichten so wenig wie von reiner Erfindung; sie lebt von Wirklichkeit – die aber auch durch Wassergeister dargestellt werden kann.

DER ARME FOUQUÉ

Der vom frühen Erfolg Verwöhnte ist noch nicht vierzig, als es mit seinem Ruhm schon abwärts geht. Die Restaurationszeit und das uneingelöste Verfassungsversprechen des Königs treibt das Bürgertum in die Opposition, und da Fouqué weiter treu zum Thron hält, entfremdet er sich von der Hauptmasse seiner Leser, zu denen er zwar nicht politisch, aber doch geistig eigentlich gehört. Denn unter seinen Standesgenossen ist er ein Außenseiter, und auch bei Hofe ist das Interesse für Kunst und Literatur nur gering. Lediglich zwei Hoheiten sind es, an die der Dichter sich halten kann: an den Kronprinzen und an die Prinzessin Marianne von Hessen-Homburg, die mit Prinz Wilhelm, einem Bruder des Königs, verheiratet ist. Dieser schließt er sich mit dem Ernst eines ritterspielenden Kindes mehr und mehr an. Er ist der Sänger, sie die Herrin. »Die Hoheit Marianna hat befohlen, ich solle ein Trauerspiel...dichten«, schreibt er an seinen Freund Miltitz. »Ich glaube nämlich, Dir schon gesagt zu haben, daß die Herrin meine Bitte, bei ihr fragen zu dürfen, was ich schreiben solle und was nicht, mir bereits früher gewährt hat ... Ich werde denn auch darangehen, sobald sie mir einen Stoff angibt, über welchen sie noch sinnt.«

Daß bei dieser Art von Stoffwahl nichts entsteht, was die Zeitgenossen des Wartburgfestes und der Karlsbader Beschlüsse interessieren kann, ist verständlich. Wilhelm Hauff, der sich als Knabe in den »altdeutschen

Rock und die Fouquésche Tugend« gehüllt hatte, später aber den politischen Ideen der Burschenschaften nahestand, spottet im neunzehnten Kapitel der *Memoiren des Satans* ausgiebig über den »frommen Rittersmann«, der entweder das Mittelalter modernisiert oder die Gegenwart in mittelalterlichen »Mystizismus einbalsamiert«, was alles »recht anmutig aussieht« und »ganz süßlich schmeckt«. 1826 war dieser Angriff erschienen, aber schon zehn Jahre vorher hatte Varnhagen an Wilhelm Neumann von der Abnahme des Fouquéschen Ruhms geschrieben und als Begründung angegeben: »Der Baron überwältigt auf lächerliche Weise den Dichter. Armer Fouqué!«

So denken sie alle, die Freunde. Sie sehen ihn als »Gefangenen seiner eignen Manier« (Atterbom), beklagen seine Unnatur, seine Unzeitgemäßheit, seine Frömmelei, oder sie können, wie Carl Borromäus von Miltitz, sein ständiges Reden von Kriegsruhm und -ehre nicht mehr ertragen, nachdem sie selbst Soldaten gewesen sind. »Das was ich im Kriege suchte - ruhmvolle Gefahr, Poesie, Rittertum p.p. – das ist, Gott weiß es, dort nicht zu finden; aber Ekel, Graus, Entsetzen...«, schreibt Miltitz – natürlich nicht an Fouqué, den er nicht kränken will. Das will niemand, auch Friedrich Perthes aus Hamburg, sein alter Verleger, nicht, der 1819 seine Weigerung, Fouqué weiterhin zu drucken, in tröstende Worte kleidet: »Wahr ist's, Deine Schriften werden jetzt weniger wie vor einigen Jahren gelesen ... Nun, das gibt sich auch wieder ... Unbefangen vorwärts, mein teurer, mein geliebter Fouqué! Dichte, singe, wirke mit frohem, freudigem Mute«

Besser als dieser ungetreue Verleger kann da der Dichter sich schon selbst trösten, indem er sein Los mit dem anderer großen Autoren vergleicht. Sein Gedicht *Dichterschicksal* steht schon 1816 in dem von ihm und Karoline herausgegebenen *Frauentaschenbuch*. Es beginnt mit den Versen:

»Weltlich kluge Leute,
Herrn, Fraun und Bräute,
Euer Wortgeläute
Stört mein Glück mir nicht«,

fordert dann dazu auf, ihm seine Lieder, die sich auf Traumgefieder reimen, zu lassen, und schließt mit den Strophen:

»Dies mein getreu Verlangen
Mögt ihr grimmbefangen,
Zornerglüht die Wangen,
Immer mißverstehn.
Alle Dichterscharen
Gleich verflognen Aaren,
Haben's auch erfahren:
Mag's auch mir geschehn.«

Nach den Befreiungskriegen von 1813 hat Fouqué seinen Reiterdegen in der Nennhausener Dorfkirche aufgehängt. Die Grabsteine der Familie von Lochow stammen aus dem 17. Jahrhundert.

Seid gegrüßt, Verbannte,
Du, o großer Dante,
Tasso, der Verkannte,
seit gegrüßt zumal!
Einst im Himmelsreigen
Lächeln wir und zeigen
Uns im heitern Reigen
Unsrer Wunden Zahl.«

Sein Mangel an Selbstkritik macht es ihm unmöglich, seine Lage nüchtern zu sehen. Der Gedanke, daß seine Hervorbringungen nichts taugen könnten, kommt ihm nicht. Er bildet sich ein, daß eine politische Clique von Vaterlandsfeinden sein Wirken verhindert, und er nimmt sich noch am Ende seines Lebens vor, auch weiterhin »freudiglich fürderzuringen im Strome der Zeit, dem willkürlichen Getrieb entgegen, das man sich Zeitgeist zu benennen herausgenommen und angewöhnt hat«, wie es in der Autobiographie von 1840 heißt. Doch so trotzig er sich auch gibt: er leidet sehr unter der größer werdenden Einsamkeit. Die ehemaligen Freunde verachten seine Ideale, »um sich sündlichem Gemurre und unzufriedener Klugtuerei desto bequemer hinzugeben« (*Paul Pommer*), und die Welt kennt keine Dankbarkeit. »Hu! Mich friert's«, heißt es in einem der unsäglichen Dialoge des Romans *Der Refugie* (1824), als einer der Kriegshelden von 1813, hoch zu Roß, ahnungsvoll vermutet, daß der Ruhm eines Kriegsdichters (»und hätt er auch die goldnen Saiten mit seinem eigenen, edlen, treuen Herzblut recht freudiglich beströmt«) nur kurz sein wird: »Hu! mich friert's im tiefsten Mark des Lebens! Faßt mich die frühe Morgenkühle nach dem nächtlichen Ritt? Oder tut es deine schaurig-kalte Botschaft von der undankbaren Welt?«

Doch das Leben hat noch Schmerzen anderer Art für ihn bereit. In der *Lebensgeschichte* erzählt er: »In der ersten Morgenfrühe des einundzwanzigsten Julius 1831 erwachte ich von heftigem Türenschlagen und raschem Hin- und Hergehen in dem jetzt außerdem so tiefstillen Hause. Erstarrendes Entsetzen fuhr durch meine Gebeine. – Ich fuhr zitternd in die Kleider. Da – die Tür geht rasch auf, meine Tochter Marie steht drinnen: Vater, ruft sie mit bebender Tränenstimme, Vater, komme! Ach, Mutter ist sehr krank! Und gleich darauf wieder hereinwankend, winselt sie: Vater, eile dich! Eile dich! Sie stirbt. – Ich eilte mich. Ich kam. Die geliebte Gattin starb unter meinen Hülfe leistenden, unter meinen betenden Händen. Kein Laut mehr von ihren süßen Lippen.«

Das Nennhausener Kirchenbuch gibt an, daß Karoline im Alter von 56 Jahren, 9 Monaten und 14 Tagen an Brustwassersucht gestorben ist. Im Park, »vom Laubdache eines schönen Eichenhains überwölbt«, wird sie neben dem alten Briest begraben. Fouqué verfaßt in diesen traurigen Tagen viele Verse, die er mit Zeitangaben wie *Am Sterbetage abends, Tags darauf,*

Fouqués Grab befindet sich auf dem Berliner Garnisonsfriedhof an der Linienstraße, wo neben vielen preußischen Generälen auch der Freischarführer von Lützow (»Lützows wilde, verwegene Jagd«) seinen Grabstein hat.

Vor dem Begräbnis, Etwas später überschreibt und die, trotz aller frommen Klischeehaftigkeit, doch den Schmerz ahnen lassen, der durch sie erträglich gemacht werden soll. Mit den Grabreden zusammen werden diese *Liedes- und Leides-Grüße* (die mit der forsch klingenden Zeile: »Nur die Schmerzen nicht gescheut!« beginnen) mit der Hand abgeschrieben und dem »erlesenen Kreise solcher« mitgeteilt, die »die Entschlafene … als eine der geist- und gemütreichsten Schriftstellerinnen« zu schätzen wußten. Daß Karoline den »geistigen Mittelpunkt« der Familie »bildete und unzerstörbar bilden wird«, vermerkt der »trauernde, aber in Gott getröstete Gatte« ausdrücklich – sicher ohne damit sagen zu wollen, was sich jetzt als wichtig erweist: daß er nur am Rande stand, nur als Mann der Gutsherrin geduldet.

Zwar wird er in Kirchenbuch und Testament neben den drei Kindern aus erster und der einen Tochter aus zweiter Ehe auch als Erbe erwähnt, doch ist sein Erbteil äußerst gering. Außer vierzig Talern im Monat erhält er lediglich das Recht, in Nennhausen kostenlos zu wohnen – wenn er unverheiratet bleibt. Das aber bleibt er nicht lange, zwei Jahre nur. Glücklicher als die vorangegangene wird diese dritte Ehe auch nicht.

Sie beginnt mit einem familiären Skandal: Die Nennhausener Erben (unter ihnen auch Fouqués Tochter Marie) sagen sich von dem »toll gewordenen Vater« los und verbieten ihm das Haus. Nicht daß seine neue Frau Albertine (Berta, Bertchen genannt) dreißig Jahre jünger ist als der sechsundfünfzigjährige Baron, ist der Grund, sondern, daß sie Gesellschafterin der Tochter, Bedienstete also, im Hause war und eine Bürgerliche ist: Kind eines Schiffsarztes aus Barth in Vorpommern.

Erstaunlicherweise setzt sich der verliebte Baron Fouqué, der bis zu seinem Tode an allen sonstigen Standesvorurteilen festhält, ohne Skrupel über dieses hinweg. Er verläßt Nennhausen für immer, heiratet in Berlin und führt in Halle das bürgerliche Leben eines Schriftstellers und Privatdozenten. Außerhalb des Universitätsbetriebes hält er Vorlesungen über Literatur und Zeitgeschichte und dichtet in alter Vielfalt weiter, auch wenn kein Verleger sich mehr für ihn interessiert. Die Eheleute, denen inzwischen ein Sohn geboren wurde, scheinen gut miteinander auszukommen, doch bleibt den Behörden in dieser Hoch-Zeit des Denunziantentums nicht verborgen, daß der Schein trügt.

Da die preußischen Behörden einen jungen französischen Schriftsteller, der bei den Fouqués verkehrt, der Agententätigkeit verdächtigen, schickt man einen Spitzel zu den Fouqués in die Rathausgasse, der dann »gehorsamst« meldet, was er aus »guter Quelle«, sicher durch die Dienstboten, erfährt. Glaubt man diesem Denunziantenbrief aus dem Hallenser Stadtarchiv, so hat die Frau Baronin mit dem Franzosen nicht nur ein Verhältnis, sondern sie hält ihn auch aus. Sie ist den ganzen Tag mit dem Liebhaber zusammen und duldet es nicht, »daß der Ehemann zu einer anderen Zeit als beim Mittagessen und abends beim Tee in ihre Stube kommt. Der Franzose begleitet sie bis ins Bett und hilft bei der Toilette, und als er kürzlich damit noch nicht ganz fertig gewesen (nachts 12 Uhr), ist ohne Anmeldung Herr v. Fouqué eingetreten, um schlafen zu gehen; worauf sie ganz wütend ihm zugeschrien: Ochse, siehst du denn nicht, daß ich noch nicht ausgekleidet bin, und erlaubst dir, früher zu kommen? Marschiere so lange in deine Stube! Herr v. Fouqué hat sich zurückgezogen und ungeachtet aller Müdigkeit beinah eine Stunde lang aus dem Fenster gesehen, bis er gerufen worden; allein jetzt ist erst der Spektakel angegangen und das Schimpfen hat bis früh gedauert. Sie hat ihm mehrmals zugerufen: Du besoffener Schweinehund! ... Er trinkt nämlich 2 Flaschen Wein, einige Gläser Madeira und 3-4 Bouteillen Bayrischen Bieres täglich und ist fortwährend in seinem Arbeitsstübchen beschäftigt.«

Armer Fouqué! Die Träume von holder Minne und von tapferen Rittern hat er sicher genauso nötig wie die Lebens- und Sterbehilfe, die er in seinem wohl schönsten Gedicht *Trost* allen geben will:

»Wenn alles eben käme,
Wie du gewollt es hast,
Und Gott dir gar nichts nähme
Und gäb dir keine Last:
Wie wär's da um dein Sterben,
Du Menschenkind, bestellt?
Du müßtest fast verderben,
So lieb wär dir die Welt!

Nun fällt – ein's nach dem andern –
Manch süßes Band dir ab,
Und heiter kannst du wandern
Gen Himmel durch das Grab.
Dein Zagen ist gebrochen,
Und deine Seele hofft;
Dies war schon oft gesprochen,
Doch spricht man's nie zu oft.«

Aber trotz der Hoffnung aufs Jenseits, die Fouqué immer wieder beschwört, flieht er vor dem irdischen Jammer in den Alkoholrausch – von dem er auch nicht läßt, als er 1841 nach Berlin zieht, weil der Kronprinz endlich den Thron bestiegen und die Pension seines Lieblingsdichters erhöht hat. Wahrscheinlich war Fouqué betrunken, als ihn die hochschwangere Frau Baronin eines Nachts bewußtlos auf der Treppe des Mietshauses Karlstraße 23a (der heutigen Reinhardtstraße) findet und ihn in die Wohnung tragen läßt, wo er am nächsten Morgen, im 66. Jahr, stirbt. Wie sehr ihn der von ihm so verachtete Zeitgeist schon vergessen hat, zeigt auch die beiläufige Tagebuchnotiz des sonst so redseligen Jugendfreundes Varnhagen: »Dienstag, den 24. Januar 1843 ... Zwei Neuigkeiten wurden mitgeteilt; daß der Königsberger Jacoby hier vom Kammergerichte freigesprochen worden und daß Fouqué gestern gestorben sei.«

Sein Grab auf dem Berliner Garnisonskirchhof in der Linienstraße ist noch erhalten. Einige Werke der letzten Lebensjahre sind bis heute nicht gedruckt.

Das Fontane-Denkmal von Max Wiese in Neuruppin, der Geburtsstadt des Dichters, zeigt ihn als Wanderer durch die Mark Brandenburg. Es wurde 1907 enthüllt.

FONTANE IN KOSSENBLATT

Aus einem Brief von Theodor Fontane an Emilie Fontane:

Steinhöfel bei Fürstenwalde,
3. Mai 1862
(Abends 9 Uhr)

Meine liebe Frau.

Nur ein paar Worte. Es geht mir sehr gut, zwei Tage bin ich erst fort, und doch hab ich schon so viel gehört und gesehn, daß mir zumute ist, als hätt ich Euch vor 8 Tagen verlassen. Kossenblatt, wiewohl eher schaurig als schön, war doch ganz famos und gibt ein vortreffliches Kapitel; was mir aber vorzugsweise den Eindruck gibt, als hätte ich schon wer weiß wieviel erlebt, das ist der Umstand, daß ich diesmal auf so vielsprechende Leute gestoßen bin. Um den Berolinismus zu gebrauchen: »Man hat mir den Kopf verkeilt.« Amtmann Buchholtz in Kossenblatt, Pastor Steppenbeck ebendaselbst, dessen Frau und Schwägerin, heute nun ein gewisser Beeskower Krösus namens Ribbeck (auf der Fahrt von Beeskow bis Fürstenwalde – der Kerl erzählte drei volle Stunden, ohne auszuspucken) und nun endlich der Kammerdiener des Herrn v. Massow namens Lavas haben mir so viel erzählt, Kluges, Dummes, Interessantes und Langweiliges, daß mir der Kopf schwirrt. Ich schleppe an einem ganzen Sack voll Münzen und werde erst zu Hause die Goldpfennige von dem ganz gemeinen Dreier scheiden können.

Morgen abend möchte ich sehr gern bis Buckow kommen. Die Itzenplitzschen Güter werde ich jetzt nicht besuchen, sondern später.

Grüße alles, küsse die Kinder und sei geküßt von Deinem alten Krepel Theodor

I

Am Morgen des 2. Mai 1862 ist Fontane von Beeskow nach Kossenblatt unterwegs. Drei Jahre zuvor hat er seine *Wanderungen durch die Mark Brandenburg* begonnen. Der erste Band des großen Werks ist schon erschienen. Der Aufsatz, dem die Ortsbesichtigung, die er jetzt vorhat, dient, ist für den zweiten Band, der Ende des Jahres erscheinen soll, bestimmt. Zweiundvierzig Jahre ist Fontane alt. Beim Erscheinen des vierten Bandes wird er dreiundsechzig sein. Der Siebzigjährige wird den Zusatzband *Fünf Schlösser* herausgeben, und noch kurz vor seinem Tode wird er mit dem *Ländchen Friesack*, das Fragment bleibt, beschäftigt sein.

Die zehn Kilometer in Sonnenhitze geht er nicht, sondern er fährt. Seine *Wanderungen* müßten eigentlich Fahrten heißen, denn er ist selten zu Fuß. Er benutzt die Eisenbahn, deren Streckennetz sich schnell zu verdichten beginnt. Er reist mit den Linienwagen der Post, deren Postillone bei der Ankunft auf den Stationen noch blasen. Im Spreewald und im Wustrauer Luch hat ihn der flache Kahn durch die Kanäle getragen. Von Frankfurt aus wird er auf einem Dampfer in diesem Sommer noch die Oder abwärts, an Bord eines Segelbootes zwölf Jahre später die Dahme aufwärts fahren. Meist aber mietet er sich auf der letzten Bahn- oder Poststation eine Kutsche – wie er es jetzt in Beeskow tat.

Seinen Naturbeschreibungen merkt man das Fahren an. Auf dem Kutschbock sitzend, den Hufschlag und das Knirschen der Räder im Ohr, zieht die Landschaft vorbei wie von weitem gesehen. Das Kleine, das Fußgänger am Wege finden, kommt nur selten ins Bild. Es interesiert ihn auch nicht. Nicht zu Goldkäfern oder Binsen ist er unterwegs, sondern zu Herrensitzen, auf denen das Vor*fahren* sich empfiehlt. Bestaubt, vielleicht sogar hinkend, zu Fuß ankommen sollte man da nicht. Journalist und Schriftsteller zu sein, ist schon anrüchig genug.

Die Beeskower Gegend, durch die er auf sandigen Wegen fährt, findet er schlimmer als öde, nämlich trist. Natürliche Öde kann reizvoll sein, sagt er erklärend, nicht aber die, der der Mensch mit geringem Erfolg Ertrag abzuringen versucht. Es ist die Klage über die Armseligkeit der Mark, die er immer wieder anstimmt, auch deshalb, weil sie, wie er meint, den Charakter ihrer Bewohner prägt. Ein unkritischer Schwärmer ist also der fahrende Wanderer nicht; seine Art der Verherrlichung geht andere Wege.

Sein schlechter Eindruck von dieser Gegend hat auch, ohne daß er es an dieser Stelle sagt, mit seinem Desinteresse zu tun. Sie ist geschichtslos für ihn; und da ein Reisender nur sieht, was er weiß, sieht dieser (dem auch die eindrucksvollen Ruinen von Kloser Chorin, weil sich keine erzählbaren Geschichten an ihre Geschichte knüpfen, öde und leer erscheinen) hier nur das Elend. Er befindet sich genau in der Lage, die er zwei Jahre später in dem Aufsatz *Über das Reisen in der Mark* so charakterisiert: Wer nach Küstrin oder Fehrbellin kommt, ohne mit deren Vergangenheit vertraut zu sein, der wird nur Gleichgültigkeit, Mißbehagen oder auch Schlafbedürfnis empfinden; wer aber weiß, daß hier Katte starb und dort der Große Kurfürst die Schweden besiegte, »der wird sich aufrichten im Wagen und Luch und Heide plötzlich in wunderbarer Beleuchtung sehen«.

Da jetzt für ihn erst der Zielort auf diese Weise beleuchtet sein wird und der Kutscher, der nicht erwähnt wird, auch langweilig zu sein scheint, ist Fontane über die Begegnung mit einem Dorfjungen, der ihm plaudernd den Weg kürzt, froh. Das Kind, das er als »allerliebst« bezeichnet und doch schon mit dem Mißtrauen und der Nüchternheit des Märkers ausgestattet sieht, wird der einzige lebende Kossenblatter sein, der dem Leser begegnet; denn dem unbewohnten Schloß, nicht dem Dorf gilt Fontanes Interesse, und dem Pfarrer und dem Amtmann, seinen Auskunftspersonen, räumt er in diesem Aufsatz einen Auftritt nicht ein.

In anderen geht er da anders vor. Da treten Pastoren, Küster, Lehrer und Kutscher auf, holzsammelnde alte Frauen, Krugwirtinnen und Fährmänner dürfen ihr Plattdeutsch reden, und die Landpartien fideler Berliner werden mit Scharfblick und Sinn für das Komische analysiert. Sie markieren die

Gegenwart des Vergangenheitssuchers – und sind doch als Antwortende durch den Frager auf Vergangenheit orientiert. Von ihrem eigenen Leben und damit von sozialen Fragen der Zeit ist selten die Rede, und wenn, dann nicht von denen der Masse der Landbewohner, der bäuerlichen Bevölkerung. In Teupitz wird darüber berichtet, daß die Fischer »nicht viel mehr als die Tagelöhner und Dienstleute des reichen« Fischgroßhändlers sind; im Wustrauer Luch wird die harte Arbeit der Torfstecher gewürdigt; in Werder wird festgestellt: »Wer persönlich anfaßt und fleißig arbeitet, wird selten reich; reich wird der, der mit der Arbeit hundert anderer Handel treibt«; und in der Reportage über die Ziegelindustrie in Glindow wird im eindrucksvollen Schlußbild das Proletarierelend dem Fabrikantenreichtum gegenübergestellt: sozialkritische Töne also, die sich auf den auch das Land erobernden Kapitalismus beziehen, nicht aber auf den die *Wanderungen* beherrschenden Adel. Das tradierte Anklagebild von Hütte und Palast kommt Fontane beim Anblick von Ziegeleibesitzer-Villen in den Sinn und nicht bei dem der vielen von ihm aufgesuchten Schlösser. In Glindow fällt ihm auch der Ausdruck Frondienst ein, doch im Zusammenhang mit »Industrialismus«. Der Bauer seiner Gegenwart, der, ohne als Person in Erscheinung zu treten, als arm und folglich auch »hart« charakterisiert wird, hat bei dem Städter Fontane keine Geschichte, weil die Geschichte der Adelswelt, die er beschreibt, ihre sozialökonomische Seite nicht zeigt.

Da das *Dorf* Kossenblatt Fontane nicht interessiert, schreibt er darüber so wenig wie über andere Dörfer, die er der Schlösser wegen besucht. Volkskundliches (sieht man von den Trachten der Wenden ab) nimmt er kaum wahr; der Zustand der Bauernhäuser, der Wohnverhältnisse und Arbeitsmittel ist ihm keiner Betrachtung wert; Dorfanlagen (Kossenblatt ist ein Straßendorf mit abseitiger Lage von Schloß und Kirche) werden nur selten erwähnt. Seltsam in diesem Fall ist, daß er fast auch den Fluß, an dem der Ort liegt, unterschlägt. Die Spree (die hier bis 1815 jahrhundertelang preußisch-sächsische Grenze war, woran die »Zollbrücke« noch immer erinnert) kommt bei ihm nur nebenbei durch Erwähnung eines Spreearms vor.

Sicher hat das damit zu tun, daß er den Aufsatz nicht in den Band *Spreeland*, sondern ins *Oderland*, wo er nicht hingehört, aufnehmen will. Denn dort hat er, in Prädikow, den Grafen Barfus behandelt, und da dieser später Besitzer von Kossenblatt wurde, ist ihm um die Nachbarschaft der beiden Kapitel zu tun. Genealogische Zusammenhänge zieht er also topographischer Genauigkeit vor. Eigentlich kommt er an diesem Maitag gar nicht in Kossenblatt, sondern in dessen Vergangenheit an.

II

Im Zentrum von Kossenblatt, wo die großzügig angelegte Dorfstraße sich angerartig erweitert (»hübsche Dorfgassen-Linie« heißt ein unbenutztes

Zwischen Schloß und Dorf Kossenblatt floß ursprünglich der Hauptstrom der Spree. Erst Flußbegradigungen beim Schleusenbau um 1900 haben einen Nebenarm daraus werden lassen. Die seit dem 18. Jahrhundert verputzte Kirche ist ursprünglich ein gotischer Backsteinbau.

Stichwort im Notizbuch), kommt der Wagen im Schatten der Linden zum Stehen. Rechts kehrt das alte Herrenhaus der Straße den Giebel zu; hinter ihm steht, etwas erhöht, die Kirche. Das Schloß verbirgt sich in der angrenzenden Niederung; es ist nur über den Wirtschaftshof zu erreichen.

Während der Kutscher die Pferde versorgt, überquert der Fahrgast (in Gehrock und Weste, den steifen Hemdkragen mit einer Schleife geziert, den Überzieher über dem Arm) die von Hühnern und Gänsen bevölkerte Straße, weil dort auf der anderen Seite das Pfarrhaus steht, wo Pastor Stappenbeck ihn erwartet.

Teilt man die Dorf-Seelenhirten grob in Realisten und Idealisten ein, muß man Stappenbeck wohl zu den letzteren zählen. Er will nicht nur Amtsinhaber, sondern auch Wirkender sein, will nicht nur verwalten, sondern auch missionieren, doch predigt er oft, wie sein Nachfolger meint, über die Köpfe der Gemeinde hinweg. Da Wissenserwerb, wie er glaubt, die Sitten verbessern kann, sieht er sein Amt auch als ein volkspädagogisches an. Um die Leute von Branntwein-Genüssen weg zu höheren zu führen, liest er ihnen abends in der Schulstube vor und richtet eine Dorfbibliothek ein. Aber auch als Ortsgeschichtsschreiber wird er tätig; der 1724 angelegten Kirchen-Chronik vertraut er manches Bewahrenswerte an.

Der starke Folio-Band, dessen barocker Titel (*Kirchen-Protocoll in Cossenblad, worin gefunden werden allerley Nachrichten von sonderlichen Begebenheiten usw.*) eine ganze Seite füllt, liegt, so ist anzunehmen, mit auf dem Tisch, wenn Stappenbeck den Gast aus Berlin empfängt. Das Pfarrhaus, das noch keine zwanzig Jahre alt ist, ahmt den herkömmlichen Stil märkischer Bauernhäuser nach, in größerer Stattlichkeit freilich. Es steht mit der Längsseite zur Straße und ist durch einen Flur, der von vorn und vom Hof aus betreten werden kann, in der Mitte geteilt. Der straßenseitigen Haustür (die bei den Bauern nur sonntags als Eingang dient) ist eine Holzlaube vorgebaut, die Weinlaub umrankt. Hier sitzt man und plaudert - wobei mehr erzählt wird als der Reisende wissen will und sich merken kann. Denn nicht nur der Pastor, auch dessen Frau und dessen Schwägerin geben Auskunft, und die Freude darüber, daß ihr Dorf-Wissen auch mal gefragt ist, machen die drei so redselig, daß Fontane bald, wie aus vorstehendem Brief ersichtlich, »der Kopf schwirrt«.

Da ist (wie wir nach Lektüre der Kirchen-Chronik vermuten können) von im Drobsch-Sumpf Erstickten und in der Spree Ertrunkenen die Rede, von plündernden Österreichern und Russen im Siebenjährigen Krieg, von Brandstiftungen, Epidemien und Kugelblitzen, von Bruder-, Kinds- und Selbstmördern, von Hurenkindern, Hochwasserkatastrophen, Monstergeburten, Hexenverbrennungen – und dann auch von einem Gespenst in der Gestalt einer Jungfrau, das partout die Hochzeit des Gutsherrn David von Oppen verhindern wollte, sich letztlich sogar (wie der Pastor David Stern in seiner 1666 bei Erasmus Stößner zu Frankfurt/Oder gedruckten

Leichenpredigt ausführlich beschreibt) zwischen die Gatten ins Brautbrett drängte – und das Fontane vielleicht dazu benutzt, um auf die Gestalt, von der er etwas hören will, überzuleiten: Auf den Grafen von Barfus, der Kossenblatt samt Briescht, Werder und Schwenow nicht lange nach der Gespenstererscheinung von den Oppens erstand.

Daß nur Bruchstücke des Berichteten später nachzulesen sein werden, wird den Berichterstatter notwendigerweise enttäuschen; denn Fontanes Wertmaßstab, nach dem er die Goldpfennige von den gemeinen Dreiern scheidet, ist ihrer nicht. Sie wissen nicht, daß literarische Formung Weglassen erfordert, und sie sehen anderes als der Schreiber für wichtig an. Es geht ihnen da ähnlich wie den Nachkommen der von Fontane verewigten Adelsfamilien, denen seine Geschichten nicht edel und pathetisch genug sind. Sie sehen ihre Ahnen in Heldenpose erstarrt, Fontane aber gibt sie in liebevoller Lebendigkeit wieder, nicht frei von komischen und skurrilen Zügen; und wenn er auch das wirklich Schlimme und Häßliche kaschiert oder verschweigt (und, um nicht lügen zu müssen, auch seine Begegnungen mit den Schloßherren zu beschreiben unterläßt), so gibt er doch Urteile ab, die die Familiengralshüter oft ärgern. »Neulich«, wird er im März 1874 an Mathilde von Rohr schreiben, »kriegte ich einen Klagebrief von einer Frau v. Witzleben, geb. v. Meusebach, aus Potsdam, die sich bitter beschwerte über das, was ich über ihren verstorb. Bruder geschrieben habe. Er war schließlich absolut verrückt; ich nenne ihn einen ›Mann von Genie und Excentricität‹; das ist nun der Dank dafür.« Und im selben Brief schreibt er, nachdem der Einspruch der Familie ihn zu Veränderungen veranlaßt hat: »Ob die Familie im Ganzen dadurch befriedigt wird, muß ich bezweifeln, denn immer aufs Neue mache ich die Erfahrung, daß Familien … nicht zufriedenzustellen sind. Ich glaube auch, daß sie, die Familien, von ihrem Standpunkte aus ganz recht haben, weil ein Schriftsteller, der die Dinge lediglich als einen Stoff für seine Zwecke ansieht, auch bei größter Vorsicht und wirklichem Takt immer noch der Pietät entbehren wird, die im Herzen der Familienmitglieder lebt. Mitunter ist es freilich nicht mehr Pietät, sondern einfach eine Mischung von grenzenloser Dummheit mit ebenso grenzenloser Eitelkeit.«

Aber nicht nur der Adel mäkelt an den *Wanderungen* herum. Lokal- und Hurra-Patrioten finden sie nicht patriotisch, Wissenschaftler nicht wissenschaftlich genug, Fortschrittlern sind sie zu konservativ – und auch mehr als ein Jahrhundert danach, heutzutage also, sind die Ansichten der Fontane -Leser, deren es bekanntlich viele gibt, über die Wanderungen geteilt.

Da gibt es den Ignoranten, der sie ungelesen läßt. Inhaltlich hat er kein Interesse an ihnen, künstlerisch hält er sie für verfehlt, politisch für fragwürdig, und der vom Autor an sie verschwendete (und damit dem Romanschreiben entzogene) Fleiß jammert ihn.

Da ist, als Gegenbild dazu, der Heimatforscher, dem die *Wanderungen* heilige Bücher sind. Zwar findet er sie lücken- und auch fehlerhaft, doch kann das seine Hochschätzung nicht mindern, weil er weiß: der gute Ruf, den sein Forschungsgegenstand, die Mark, weithin genießt, verdankt er ihnen; das Interesse, das er bei anderen erwartet, wurde durch die *Wanderungen* erst geweckt. An ihnen hat er ein Modell, dem er nachstreben, das er verwerfen oder berichtigen kann; und wenn er bescheiden auf ihren Spuren wandert, fällt etwas von ihrem Ruhm auch auf ihn zurück. Auch seine Liebe zu den Romanen ist, falls überhaupt vorhanden, durchs Lokale bestimmt; sie wächst mit topographischer Genauigkeit und schwindet, wird der Schauplatz in den Harz, nach Ungarn, Dänemark oder gar Amerika verlegt. Die Romane sind ihm sozusagen angewandte *Wanderungs*-Kunst.

Das unterscheidet ihn grundlegend von dem dritten Typ, der die *Wanderungen* zwar für wichtig hält, aber nur als Leitersprosse zu den Höhen des Romans. Ihn interessiert an ihnen nur, was dann in *Vor dem Sturm*, im *Schach von Wuthenow*, in der *Effi Briest* oder im *Stechlin* verwandelt wiederkehrt. Das große *Wanderungs*-Werk, das er insgesamt in seinem schematischen Fontane-Bild zeitlich vor die Romane plaziert, wird von ihm also zur Schreibübung degradiert. Daß es in Wirklichkeit noch weit in die Phase des Romanschreibens hineinragt, als Nebenarbeit auch im Alter ständig weiter mitläuft und sich am Lebensende noch einmal in den Vordergrund drängt, stört seine Theorien nicht.

Diese Einseitigkeiten macht der Vertreter der vierten Gruppe, der ideale Fontane-Leser, nicht mit. Der leugnet die überragende Bedeutung der Romane nicht, sieht mit Interesse, wie sie sich auch aus den Erfahrungen der *Wanderungen* nähren, und achtet doch das eine vor dem andern nicht gering. Jedes läßt er in seiner Art gelten – auch wenn er die Kunstfehler des in Jahrzehnten entstandenen *Wanderungs*-Werks erkennt.

Denn ein einheitliches Gebilde, wie es jeder der Meisterromane ist, sind die *Wanderungen* nicht. Da gibt es gestaltete und ungestalte, interessante und langweilige Kapitel; auf Reportage, Feuilleton und beste Erzählkunst folgt reine Faktenhäufung; der Plauderton, den Fontane liebt, und beherrscht, gelingt nicht immer, und manchmal ist er von der Trockenheit der deshalb von ihm gerügten Historiker nicht weit entfernt. Für kaum jemand (sieht man von Militärhistorikern ab) wird es wohl eine Freude sein, sechzig Seiten lang über die wechselnden Chefs, die wechselnden Uniformen und das wechselnde Schlachtenglück der Neuruppiner Garnison zu lesen; die Gespräche mit dem Kutscher Moll aber oder die Geschichte vom Fischer von Kahniswall wird auch der genießen können, der sich für die Rauenschen Berge und den Seddinsee nicht interessiert. Zur Information über die Mark sind alle Teile der *Wanderungen* zu gebrauchen, zu einem Lesegenuß aber, der nicht unbedingt auf Belehrungen aus ist, nur die, in denen neben dem Landschafts- und Vergangenheitsschreiber auch der Menschengestalter zu Worte kommt. Hier ist Fontane dann aber durchaus auf der Höhe seiner Kunst. Man kann, sagt sich der ideale Fontane -Leser, den Romancier vor dem Wanderer, den Briefschreiber vor dem Balladendichter oder Theaterkritiker schätzen, würdigen aber muß man alles können, wenn man den ganzen Fontane will.

III

Noch vor dem Mittagessen, so stellen wir uns vor, wird Pastor Stappenbeck den Gast in die Kirche begleiten. Er redet unaufhörlich dabei; denn einen so verständigen Zuhörer hat er nur selten, und bei jedem Schritt sieht er etwas, das er für sehens- und erklärenswert hält. Das beginnt mit dem Platz vor dem Pfarrhaus, dem Fest- und Versammlungsort, an dem auch Küsterhaus, Feuerwehr, Schule und Schenke stehen. Die einzelne Eiche dort (sagt er in so begeistertem Ton, als gäbe es nicht fast in jedem Dorf dergleichen) wird die Königseiche genannt. Sie wurde 1815, am ersten Jahrestag des Einzugs in Paris, nach feierlichen Reden und freiem Bier und Schnaps, gepflanzt. (1866 wird die Siegeseiche dazukommen, 1871 die Kaisereiche – die Stappenbeck in der Chronik mit den Versen begrüßen wird: »Blühe, du deutsches Reich, / Wachse der Eiche gleich, / Kraftvoll und hehr! / Friede beglücke dich, / Freiheit erquicke dich, / Frömmigkeit schmücke dich, / Vom Fels zum Meer!« –, an welcher Stelle dann einer seiner Nachfolger 1917 hinzufügen wird: »Und wann werden wir die Friedenslinde setzen können? Mach End, o Herr, mach End mit aller Not!« Aber diese Linde wird nie gesetzt werden. Kriegervereine werden auf dem Platz paradieren, Braunhemden sich versammeln, Flüchtlingstrecks rasten, und schließlich werden Rotarmisten ihre Fahrzeuge unter den drei Eichen parken, deren Namen und Bedeutung niemand mehr kennt.)

Auf der Straße, die noch keine Pflasterung hat, weist Stappenbeck vielleicht auf noch vorhandene Strohdächer hin und erzählt von Feuersbrünsten. Er zählt die kirchenlosen Dörfer auf, die zu seiner Pfarre gehören, und schildert die schlechten Wege, nach Werder zum Beispiel, das er, wenn das Wetter es zuläßt, besser auf der Spree mit dem Kahn erreicht. Er stammt aus der fruchtbaren Prignitz, und die sandigen Höhen, die es außerhalb Kossenblatts gibt, haben ihn anfangs schockiert, aber jetzt hat er sich eingelebt und wird bleiben – bis er 1871, als Sechzigjähriger, stirbt.

Die Gräber der Kossenblatter liegen um die Kirche herum. Noch ist die moderne Zeit nicht da, wo man auch auf dem Dorf mit seinen Toten nicht mehr leben will, sie an die Peripherie verbannt, am besten in die Einöde zwischen zwei Dörfer, also außer Sichtweite. Noch führt der Weg zur Kirche zwischen gußeisernen Kreuzen und Grabplatten hindurch. Aber nur die Nicht-Adligen sind hier begraben, die Oppen und Barfus hatten ihre, zu Fontanes Bedauern nicht mehr zugängliche, Gruft. An der Nordseite der Kirche ist neben den Gruftanbauten ein aufschlußreicher Gedenkstein zu sehen, den Stappenbeck bei seiner Führung sicher nicht ausließ, über den der Besucher aber nichts notiert.

Wahrscheinlich an Stelle einer Wasserburg entstand Anfang des 18. Jahrhunderts Schloß Kossenblatt. 1736 erwarb es Friedrich Wilhelm I., der hier, von der Gicht geplagt, seine seltsamen Bilder malte.

Allhier ruhen die Gebeine
des zu Cossenblatt 30 Jahr
gestandenen Beamten
Friedrich Leopold Lengenick
gebohren den 16ten Juli 1717
gestorben den 1ten Märtz 1784
nebst seinen 6 Kindern
1. Charlotte gbor.: 1756, ertrunken 1758
2. August gbor.: 1761, an Zähnen gstor. 1768
3. Friedrich gbor.: 1767, an Mathigkeit gstor. 1768
4. Leopold gbor.: 1759, an Pocken gstor. 1769
5. Caroline gbor.: 1757, an Pocken gstor. 1777
6. Philippine gbor.: 1773, an Pocken gstor. 1777

Zu den Goldpfennigen zählt dieser Einblick in den Alltag des klassischen Preußen für Fontane nicht. Er hofft auf das Innere der Kirche und wird nicht völlig enttäuscht. Der Bau, der ganz wie einer aus der Zeit des Soldatenkönigs erscheint und doch im Kern gotisch ist, hat Geschichtliches noch bewahrt: ein Porträt David Sterns, des Pfarrers, der das Gespenst der Familie von Oppen beschrieb (es ist heute, stark ramponiert, noch vorhanden), das vielköpfige Oppensche Familienbild, dem Fontane dann eine Fußnote widmet, drei figürliche Grabsteine der Oppens – aber nichts aus der Barfus-Zeit.

Die Hohenzollern-Epoche dagegen ist durch die bescheidene Königsloge und den Kanzelaltar präsent; genaugenommen ist sie noch gar nicht zu Ende. Zwar hat und wird sich kein König, kein Prinz mehr in Kossenblatt sehen lassen; zwar ging das Gut, das seit 1811 in Erbpacht war, schon in bürgerliche Hände über; aber das Schloß bleibt in königlichem Besitz – und das Kirchenpatronat auch.

Stappenbeck, der, wenn er predigt, links vor sich die kriegerische Stuckornamentik der Loge sieht und über sich, auf dem Kanzeldeckel, den preußischen Adler weiß, ist auf dieses hohe Patronat stolz. Vor sechs Jahren, erzählt er, als man in Beeskow den 300. Jahrestag der Zugehörigkeit zu Brandenburg festlich beging, ist er dem vorigen König, Friedrich Wilhelm IV., vorgestellt worden, und Majestät, als sie Kossenblatt hörte, geruhte zu sagen: ei, da gehöre sie ja eigentlich hin, sie wolle mal kommen, doch wurde nichts draus, und nun ist sie ja eingegangen zu ihren Vätern.

Draußen herrscht Mittagshitze, aber die Kirche ist kalt. Das Sonnenlicht, das durch die Fenster fällt, läßt das Messingkreuz auf dem Altar und die Königskrone, die der Adler trägt, funkeln. Die Problematik von Kreuz und Krone, von Thron und Altar liegt also in der Luft; aber der Pastor, dessen Leben und Denken in den von Staat und Kirche vorgezeichneten Bahnen verlief, empfindet sie vermutlich nicht als solche. Bei Fontane sieht es da anders aus; doch keine Religionsproblematik ist sie für ihn: die Politik, die sich religiöser Phrasen bedient, konfrontiert ihn mit ihr. Der Apothekersohn aus Ruppin, der ein dichtender Apotheker wurde, der revolutionäre Artikel schrieb, sich dann aber mit dem reaktionären Regime arrangierte und für die Regierungspresse nach England ging, ist vor zwei Jahren (1860), um Frau und Kinder ernähren zu können, bei einem Blatt eingetreten, das wie kein anderes Politik mit Religion vermengt.

Die *Neue Preußische Zeitung*, des Eisernen Kreuzes wegen, das sie im Titel führt, Kreuzzeitung genannt, im Jahr der Revolution als Sprachrohr gegen diese gegründet, bleibt, ob sie Regierungen unterstützt oder von rechts gegen sie opponiert, immer das Blatt des konservativen Adels und der kirchlichen Orthodoxie. Fontanes Sache ist diese Mischung nicht; aber da er nur die England-Artikel redigiert, sich also politisch nicht hervortun muß, ihm viel Zeit für eigne Arbeit bleibt und er diese, seine *Wanderungs*-Kapitel vor allem, in der Zeitung unterbringen kann, hält er es in der Redaktion, wo Eiserne Kreuze Sofakissen schmücken und von der Wand ein Christuskopf mit Dornenkrone herniederblickt, zehn Jahre lang aus.

Das Exemplar der Kreuzzeitung, das im Pfarrhaus des Kapitels »Malchow« die Behaglichkeit der Atmosphäre erhöht und neben dem freundlichen Pfarrer auch die Ansicht des Autors zu charakterisieren scheint, kommt also nicht von ungefähr dort auf den Tisch; und da dies acht Jahre nach der Kreuzzeitungs-Zeit geschieht (die Fontane in seiner Autobiographie später als die »allerglücklichste« seines Lebens bezeichnet), ist anzunehmen, daß der konservative Zug, den die Wanderungen (von der treuherzigen Revolutionsfeindlichkeit des Fischers von Kahniswall bis hin zur modern wirkenden Kritik am »Industrialismus«) haben, nicht der Selbstzensur eines Lohnabhängigen, sondern eigner Neigung und Meinung entstammt. Mit Recht weist Fontane im Dezember 1861 in einem Brief an seinen Verleger Wilhelm Hertz die Behauptung, der erste *Wanderungs*-Band »sei im Auftrag der Kreuz-Zeitungs-Partei geschrieben«, mit dem einen Wort »Blödsinn!« zurück, kommt aber zwei Tage später doch ausführlicher auf seine Meinung zu sprechen: »Mein Kreuzzeitungstum … tritt doch wirklich kaum in dem Buche zutage; auch ist das *echte, ideale* Kreuzzeitungstum eine Sache, die bei Freund und Feind respektiert werden muß, denn sie ist gleichbedeutend mit allem Guten, Hohen und Wahren. Das Zerrbild, das oft zutage tritt, ist nicht die Sache selbst.« Schon im Juni 1860 hatte er (was sich für das fortschreitende Alter nicht bewahrheiten sollte) an Paul Heyse geschrieben, daß er »mit den Jahren ehrlich und aufrichtig konservativer« werde, und wenn der fast Sechzigjährige seinem Verleger gegenüber (im November 1878) auf die Kritik an seinem ersten Roman, *Vor dem Sturm*, zu sprechen kommt, erklärt er, was er unter dem Zerrbild seiner Ansichten versteht: »Das Buch ist der Ausdruck einer bestimmten Welt- und Lebensanschauung; es tritt ein für Religion, Sitte, Vaterland, aber es ist voll Haß gegen die ›blaue Kornblume‹ [Symbol der

Der Kanzelaltar in der Kossenblatter Kirche stammt aus der Zeit Friedrich Wilhelm I., die Grabsteine unter dem Fenster sind aus dem 17. Jahrhundert. Sie zeigen den damaligen Gutsherrn Georg von Oppen, seine Frau, eine geborene von Klitzing, und deren Mutter. Das A W auf dem Kanzeldeckel steht für den Prinzen August Wilhelm, der Kossenblatt von Friedrich Wilhelm I. erbte.

Kaiserverehrung] und gegen ›Mit Gott für König und Vaterland‹, will sagen, gegen die Phrasenhaftigkeit und die Karikatur jener Dreiheit«, - voll Haß also, fügen wir hinzu, gegen die Ideologie seiner Gegenwart.

In den *Wanderungen* zeigt sich der konservative Zug vor allem in der Vorliebe für die Geschichte des Adels und des absolutistischen Preußen; und wenn dabei Licht und Schatten auch künstlerisch klug verteilt und im Detail manche Urteile gefällt werden, die in die Hohenzollern- und Adelslegenden nicht passen, wird doch das Ganze nie in Frage gestellt. die »wunderbare Beleuchtung«, in der man Sumpf, Sand und Heide sieht, ist die einer zustimmend kommentierten Geschichte, die in sich Positives verkörpert und durch Personifizierung und Lokalisierung Farbe und Leben gewinnt. Das Mosaik, das Fontane aus mehr oder weniger leuchtenden Steinchen erschafft, formt sich zum Bild der erzählten Geschichte der Mark, zum Bild der Verklärung, das durch Liebe zur preußischen Vergangenheit entsteht. Jeder, der den Wanderungen nachreist und diese Liebe nicht mitbringt, wird das bestätigen müssen: Denn er ist (wie Fontane es ihm vorhergesagt hat) enttäuscht.

Diese Liebe zur preußischen Geschichte, die bei aller Nuancierung und Differenzierung verklärt bleibt, verliert Fontane nie. Die Kritik am Preußentum seiner Gegenwart, die sich in seinen späteren Jahren in den Romanen und, radikaler noch, in den Briefen äußert, basiert auf ihr. Sein Widerwille gegen das Bourgeoise und seine Enttäuschung über den gegenwärtigen Adel mißt sich an ihr. Vor dem leuchtenden Hintergrund der friderizianischen Zeit wird ihm die wilhelminische, also die eigne, schwarz. Wie das Mittelalter für die Romantik ist das klassische Preußen eine Utopie, die in der Vergangenheit liegt, für ihn. Er weiß aber, daß es ein Zurück nicht gibt.

Schon in seinen Anfängen ist es so: 1848 erklärt er in revolutionären Artikeln, daß Preußen um Deutschlands willen zerfallen müsse, und dichtet fast gleichzeitig Preußenlieder über Schill, Yorck, den alten Dessauer und den alten Zieten, in denen es, gesperrt gedruckt, heißt: »Ich halte es mit dem [altpreußischen] Zopfe, / Wenn solche Männer dran.« Und am Ende, wenn er zu der Überzeugung gekommen ist, daß es den Adligen, wie er ihn liebt, nicht mehr gibt, macht er sich einen: den alten Herrn von Stechlin, den märkischen Junker, der mit den Jahren skeptischer und demokratischer wird – der also ist wie er. Auch Fontane hätte zu Pastor Lorenzen, dem Sprachrohr des Autors, sagen können: »Außerdem sind Sie Friederikus-Rex-Mann, was ich Ihnen eigentlich am höchsten anrechne, denn die Friederikus-Rex-Leute, die haben alle Herz und Verstand auf dem rechten Fleck.«

Und so ist es dann auch durchaus kein Widerspruch, wenn sich Fontane nach dem *Stechlin*, in dem das vielzitierte Wort vom Alten, das man lieben, und vom Neuen, dem man leben müsse, gesprochen wird, in den letzten Lebenstagen noch einmal die geplante Fortsetzung der *Wanderungen* vor-

Um von der Kossenblatter Dorfstraße aus das Schloß zu erreichen, muß man, am alten Herrenhaus vorbei, den Gutshof und die Brücke über den Spreearm passieren. Dann erst sieht man den barocken Bau.

nimmt, das *Ländchen Friesack*, wo in der weitgehend ausgeführten Einleitung die Annäherung an die alte Familie von Bredow, von der das ganze Buch handeln soll, als »lang gehegter Wunsch« und »Sehnsucht« bezeichnet wird und wo in einer nur in Stichpunkten vorhandenen »reizenden Geschichte« ein Pächter der Bredows glücklich ist, als der Gutsherr ihn nach Beendigung eines Zerwürfnisses wieder duzt; wo also das Lob der alten patriarchalischen Gutsverhältnisse gesungen wird. »Sie nennen es auf dem Lande schön und poetisch das Ehren-Du«, heißt es am Schluß, und eine Fußnote fügt hinzu: »Jeder gesund organisierte Mensch fühlt so.«

Von der Meinung, die Fontane anläßlich des Besuchs der Friedersdorfer Kirche im Mai 1860 seiner Mutter mitgeteilt hatte: »Wer den Adel abschaffen wollte, schaffte den letzten Rest Poesie aus der Welt«, war auch der alte Fontane, der in den Adel keine Zukunftshoffnung mehr setzte, nicht abgekommen; bis an sein Lebensende hatten für ihn Adel und Poesie viel miteinander zu tun.

IV

Nach dem Mittagessen (falls es eins gab; man kann da nicht sicher sein, da Fontane mit der Knickrigkeit, die er den Märkern bescheinigt, ja Erfahrungen gemacht haben muß) zeigt ihm Herr Buchholtz (dessen Anwesenheit brieflich beglaubigt ist) das alte Oppensche Herrenhaus, das er bewohnt, und das Barfussche Schloß, das seit dem letzten Besuch Friedrich Wilhelm I. (1739) leersteht. Von der Buchholtzschen Familiengeschichte, nach der der Besucher nicht fragt, weil er dort nichts Interessantes vermutet, versäumt er es wohl zu erzählen, wodurch Fontane eine König-Friedrich-Geschichte entgeht. Der Großvater dieses Buchholtz nämlich, Johann August Buchholtz, ein Pastorensohn aus der Prignitz, der, von Werbern zum Armeedienst gepreßt, selbst zum Werbe-Sergeanten wurde, war so erfolgreich in der Soldatenfängerei, daß Kronprinz Friedrich, für dessen Regiment in Neuruppin er dies Geschäft betrieb, auf ihn aufmerksam wurde und ihn später zu seinem Hofetats-Rentmeister und Dispositionskassen-Rendanten, will sagen: Kassenverwalter und Finanzberater, machte – und damit zu einer sprichwörtlichen Anekdoten-Figur. Denn wenn man zum König mit Finanzforderungen und -bitten kam, hieß es: Da kennt Er Buchholtz schlecht! oder: Dazu hat Buchholtz kein Geld!, und wenn ein Gesuch günstig entschieden war: Er wußte, wo Buchholtz wohnt!

Da das Königshaus die Verdienste dieses Sparsamkeitsgenies auch an seinen Kindern noch belohnte, wurde ein Sohn 1801 zum Amtmann von Kossenblatt ernannt, zum Verwalter des königlichen Gutes also, das er 1811, als Friedrich Wilhelm III., um die Kontributionen an Frankreich bezahlen zu können, Land abstoßen mußte, als Erbzinsgut erwarb – und später an seinen Sohn Karl vererbte, an den Mann, der jetzt Fontane durch die feldsteingewölbten Keller des Herrenhauses und die nur von Mäusen und Vögeln bewohnten Räume des Schlosses führt.

Amtmann, wie Fontane ihn nennt, ist dieser Amtmannssohn nie gewesen; er war Erbzinsgutspächter; jetzt, da laut Gesetz von 1850 diese Eigentumsform abgeschafft ist, ist er nicht nur faktisch wie vorher, sondern auch im juristischen Sinne Eigentümer – einer der vierunddreißig bürgerlichen Gutsbesitzer, die es in der Jahrhundertmitte auf den fünfundvierzig Rittergütern des Kreises Beeskow-Storkow gibt. Daß Fontane ihn nicht als solchen zur Kenntnis nimmt, scheint bezeichnend für ihn: hat er doch in den *Wanderungen* diese Entwicklung anfangs ganz ignoriert; im Gedicht, in dem er sie registriert, wird eine Satire mit Wehmutstönen daraus:

Kirchenumbau
(Bei modernem Gutswechsel)

Spricht der Polier: »Nun bloß noch das eine:
Herr Schultze, wohin mit die Leichensteine?
Die meisten, wenn recht ich gelesen habe,
Waren alte Nonnen aus ›Heiligen Grabe‹.«

»Und Ritter?«

»Nu Ritter, ein Stücker sieben,
Ich hab' ihre Namens aufgeschrieben,
Bloß, wo sie gestanden, da sind ja nu Löcher;
1 Bredow, 1 Ribbeck, 2 Rohr, 3 Kröcher;
Wo soll'n wir mit hin? wo soll ich sie stell'n?«

»Stellen? Nu gar nich. Das gibt gute Schwell'n,
Schwellen für Stall und Stuterei,
Da freun sich die Junkers noch dabei.«

»Und denn, Herr Schultze, dicht überm Altar
Noch so was vergoldigt Kattolsches war,
Maria mit Christkind ... Es war doch ein Jammer.«

»Versteht sich. In die Rumpelkammer!«

Der Kreuzzeitungs-Redakteur und Preußenlieder-Dichter, der ein Jahr zuvor, an einer Ruppiner Friedrich-Gedenkstätte sitzend, den Trinkspruch »Es lebe die alte Zeit!« ausgebracht hatte und der sich nun hier in Kossenblatt von einem bürgerlichen Gutsbesitzer, der ein feudales Erbe angetreten hat, durch das gespenstisch-öde Grafen- und Königsschloß führen läßt, ohne die Symbolik der Situation zu erfassen, wird dreißig Jahre später, wenn er die großen Romane, vom letzten abgesehen, schon hinter sich hat, als Schlußwort des erweiterten *Wanderungs*-Kapitels »Gentzrode«, das den Aufstieg und Fall eines bürgerlichen Gutsbesitzers in der Gründerzeit schildert, die Sätze schreiben: »Das Wachsende, gut oder nicht gut, tritt an die Stelle des Fallenden, um über kurz oder lang selber ein Fallendes zu sein. Das ist ewiges Gesetz.« Ein Gesetz, das die Gräfin Melusine im *Stechlin* dann so formuliert: »Ich respektiere das Gegebene. Daneben aber freilich auch das Werdende, denn eben dies Werdende wird über kurz oder lang abermals ein Gegebenes sein.«

Um sagen zu können: einen Beweis für das Gesetz vom Wachsen und Fallen hat Fontane an seiner Seite, wollen wir Buchholtz einen elfjährigen Jungen beigeben, der sein Neffe Emil und sein künftiger Erbe ist. Während Fontane, der in ästhetischen Fragen gern scharfe Urteile fällt (was das Vergnügen an der Lektüre der *Wanderungen* beträchtlich erhöht), Kritik an den Malereien des Königs übt, vergnügt sich (in unserer Vorstellung) das Kind damit, die toten Vögel zu sammeln. Da es darauf besteht, diese auch zu begraben, wird der Rückweg zum Dorf über den kleinen Park, Lustgarten genannt, genommen. Sie gehen also, wenn sie die Bohlen-Brücke über den Graben (auch das Schloß Stechlin, das ähnlich gebaut ist wie dieses hier, hat einen solchen) passiert haben, einige Schritte nach rechts am Ufer des Spreearms entlang und da, wo die Seitenflügel des Schlosses sich zum Wasser hin öffnen, den mäßig ansteigenden Parkweg hinauf und stehen bald an der (heute durch einen Findling kenntlich gemachten) Stelle, an der zwei Jahre nach Fontanes Tod der Neffe Emil sterben und sein Grab finden wird.

Das kam, wie die Kirchen-Chronik berichtet, so: Seit 1877 geschah es in Kossenblatt immer wieder, daß strohgedeckte Häuser und Scheunen, die des hohen Brandrisikos wegen von der Feuerkasse bald gestrichen worden wären, in Flammen aufgingen. Nie kam dabei ein Mensch oder Vieh zu Schaden, nie wurde gelöscht und nie ein Brandstifter ermittelt. 1882 gab es nur noch *ein* strohgedecktes Kossätengehöft im Dorf, und auch das brannte erwartungsgemäß ab. Halb Kossenblatt war so von der Feuerversicherung modernisiert worden – und diese Erfahrung muß Emil Buchholtz, der durch Heirat seiner Cousine Besitzer des Gutes geworden, aber durch »schlechte Wirtschaft, liederliches, ausschweifendes Leben und mehrfache Überschwemmungsschäden« in Schulden geraten war, dazu veranlaßt haben, in dem Umweg über die Feuerkasse den Ausweg aus seiner Misere zu sehen. Als die Kur- und Neumärkische Ritterschafts-Darlehenskasse, bei der er mit 180 000 Mark verschuldet war, mit Zwangsverwaltung des Gutes drohte, brannte seine Roggenmiete ab. Vor dem Land-Gericht in Frankfurt sagten Zeugen aus, Herr Buchholtz habe seinem Kutscher erklärt: der Brand der Miete wäre ihm einen »blauen Lappen« wert. Nach dem Urteilsspruch, der auf drei Monate Gefängnis wegen Anstiftung lautete, jagte Buchholtz mit seiner leichten Kutsche nach Kossenblatt zu-

Die Spree bei Werder, oberhalb Kossenblatts.

rück, bewaffnete sich mit zwei Gewehren, legte sich an der Beeskower Chaussee (die 1893 gebaut worden war) in den Hinterhalt und schoß auf die im Wagen zurückkehrenden Zeugen. Mehrere verletzte er, einer, der Gärtner, Vater von sechs Kindern, zu denen, wie es im Kirchenbuch heißt, später noch ein siebentes kam, starb an den Wunden. Buchholtz irrte die Nacht hindurch im Walde umher und erschoß sich am Morgen auf dem Grab seiner Frau im Park. Da man nicht wußte, ob er tot war, wagte erst niemand näherzutreten, bis man, wie es in der Chronik heißt, »den Pastor dazu vermochte, weil man annahm, daß B. dessen Leben am ehesten schonen würde«. Das war am 16. Mai 1900. Genau hundert Jahre hatten die Buchholtzens also in Kossenblatt verbracht. Im Oktober wurde das Gut zwangsversteigert. Die Königliche Hofkammer wollte es der Krone wiedererwerben, aber da finanzkräftigere Käufer da waren, gelang das nicht.

Der Fall der Familie Buchholtz war aber damit noch nicht am Ende, ein moralischer folgte noch. Ein Sproß der Familie nämlich, vermutlich wiederum ein Neffe des Emil, veröffentlichte in den dreißiger Jahren unseres Jahrhunderts einen Roman, in dem die Familienlegende zeitgemäß verarbeitet wurde. Das Schloß des Feldmarschalls Barfus, des Türkenbezwingers, in dessen Sälen die Bilder des Soldatenkönigs hängen, heißt hier Eichberg und liegt nicht an Sumpfwiesen, sondern an einem herrlichen See. Aus Buchholtz wird Beringer, aus Emil Erich, und die Darlehenskasse wandelt sich in einen habgierigen, häßlichen Juden namens Mendelssohn, der die Bilder des Königs natürlich für Plunder hält und den durch Brände in Not geratenen Erich, der die schöne Gärtnerstochter liebt, immer tiefer ins Unglück treibt. Da Erich sich schließlich dem Würgegriff des Wucherers nicht mehr entziehen kann, bringt er sich um; die Gärtnerstochter ertränkt sich im See; das Schloß ist verloren, der Weltkrieg auch; der Bruder Erichs, Oberst und positiver Held des Romans, wird von »Novemberverbrechern« erschossen, aber schon stürmt dessen Sohn mit den Freicorpskämpfern heran, jung, unaufhaltsam, direkt in das Dritte Reich – das sich ideologisch dann von den Legenden nährt, die es vor ihm schon gab.

Am 21. März 1933 marschierte ganz Kossenblatt, jung und alt, im Fakkelzug zu Ehren des »Tages von Potsdam« mit. »Die alten schönen Vaterlandslieder erklangen wieder und von neuer Begeisterung und Vaterlandsliebe erfüllte Worte wurden gesprochen. Gott sei gedankt!«

V

Wenn die Sonne hinter die Parkbäume sinkt, wird es kühl in der Pfarrhauslaube. Die Dorfstraße belebt sich; Frauen kehren von der Feldarbeit heim; Ackerwagen rollen vorbei; Kühe werden von Kindern aus den Koppeln in die Ställe zurückgetrieben. Der Kutscher hat angespannt und drängt zum Aufbruch. Mit Peitschenknall geht es zu Dorfe hinaus, aber wenn der Weg ansteigt und sandig wird, fallen die Pferde in langsamen Trab. Von den zwei Seen her (in den nicht ausgeführten Notizen als »üppiges

Labsal« bezeichnet) tönt das Plärren der Frösche herauf. Nebelschleier breiten sich über die Wiesen. In Fahrtrichtung sind die ersten Sterne zu sehen. Der Fahrgast legt sich den Mantel über die Schulter und hüllt die Beine in Decken ein.

Oft schon hat Fontane die Rückkehr von seinen Erkundungen so oder so ähnlich erlebt, und oft noch wird er sie so erleben. Unterwegs, in Passagierstuben oder bescheidenen Unterkünften wird er die unentbehrlichen Notizbücher mit Aufzeichnungen und Skizzen füllen; zu Hause wird er die historischen Werke von Bratring und Berghaus, von Fidicin und Wohlbrück studieren; er wird Ankündigungs-, Bitt- und Dankbriefe schreiben, und immer wird er auf der Jagd nach Anekdoten sein. Er wird nicht nur nach Buckow, Pieskow und Großbeeren fahren, er wird auch Hamburg, Dänemark, Schlesien, Italien und Frankreich sehen, wird umfangreiche Kriegsdarstellungen und großartige Romane schreiben, aber die Mark wird ihn nicht loslassen dabei. Gegen die Behauptung, er habe eine Schwärmerei für sie, wird er sich mit dem Satz »So dumm war ich nicht« wehren; er wird ihr ihren »Popelinski-Charakter« ankreiden und feststellen, daß sie nur nach »Kiefer und Kaserne« schmecke; er wird zunehmend skeptischer gegen alles Märkisch-Preußische werden, wird den märkischen Adel »eingebildet (man weiß nicht recht worauf), beschränkt und im ganzen genommen ruppig« nennen, sich aber, wenn er schon über siebzig ist, wieder auf Edelhöfen im Havelland einquartieren und mit neunundsiebzig, kurz vor seinem Tode, schreiben, er kehre zu seinen »alten Göttern«, dem Landadel nämlich, zurück - was er ja in anderer Art schon mit dem *Stechlin* getan hatte.

Im Mai 1894 schreibt Fontane an seinen Sohn Theodor: »Überschlage ich meine eigene Reiserei, so komme ich zu dem Resultat, daß ich von solchen Spritzfahrten in die Nähe viel, viel mehr Anregung, Vergnügen und Gesundheit gehabt habe als von den großen Reisen, die sehr anstrengend, sehr kostspielig und meist demütigend sind. Erhebend, in Bezug auf Mannesstolz, gewiß nicht; denn man debütiert überall als Schuster. In Teupitz und Wusterhausen aber und nun gar in Prignitz und Havelland bin ich immer glücklich gewesen.« – Daß das nur einer sagen kann, der viel gereist ist, versteht sich von selbst.

Schließlich lautet der erste Satz des ersten Bandes der *Wanderungen*: »Erst die Fremde lehrt uns, was wir an der Heimat besitzen.« – Mit anderen Worten: Auf das In-die-Fremde-reisen-können kommt es bei der Entstehung von Heimatliebe an.

Das Oderbruch, das Friedrich der Große eine Provinz genannt haben soll, die er ohne Krieg zu führen erobert habe, erstreckt sich nördlich von Frankfurt am westlichen Oderufer über mehr als 60 km, und es ist 12 bis 20 km breit.

DAS ODERBRUCH LITERARISCH

Das Wort Bruch (der oder das, in Verbindung mit Oder aber nur: das) kommt schon im Alt- und Mittelhochdeutschen vor und bedeutet dasselbe wie Luch (das Havelländische z.B.), also Sumpfland oder auch Moor. Seine Mehrzahl heißt Brüche oder aber mundartlich auch Brücher, wie man es aus Fontanes Verszeilen über das Havelland kennt:

»Jetzt Wasser, drauf Elsenbüsche schwanken,
Lücher, Brücher, Horste, Lanken.«

Spricht man aber von den Oderbrüchern, so sind damit die Einwohner des Bruchs an der Oder gemeint.

Diese schildert Fontane, der sie schon als junger Mann kennengelernt hatte, nicht sonderlich freundlich. Er sieht sie in den *Wanderungen* als habgierige und großmannssüchtige Neureiche, denen die Wohlhabenheit, die ihnen nach der Trockenlegung des Bruchs zugewachsen war, nicht bekommen ist. Zwar sagt er zum versöhnlichen Abschluß, es beginne schon (um 1860 also) besser zu werden, aber in Briefen aus dieser Zeit spricht er vom »Bruchbauerngesindel«, das in seinen *Wanderungen* noch zu gut dargestellt sei.

Sollte diese Darstellung den Zuständen um die Mitte des vorigen Jahrhunderts tatsächlich entsprochen haben, war um die Mitte dieses Jahrhunderts davon nichts mehr vorhanden, am wenigsten die Wohlhabenheit. Aus dem reichen Land war ein Notstandsgebiet geworden; wie kaum einen anderen Landstrich in Deutschland hatten die letzten Monate des Krieges diesen verheert. Im Januar 1945 war die sowjetische Offensive an der Oder zum Stehen gekommen; es waren aber schon einige Brückenköpfe auf dem linken Oderufer entstanden, um deren Zurückdrängung oder Erweiterung erbittert gekämpft wurde, bis dann im April die mit riesigem Aufwand an Kriegstechnik und Menschen geführte Schlacht um die Seelower Höhen begann. Der längst schon entschiedene Krieg kostete hier noch einmal etwa fünfzigtausend Menschenleben, und von den Wohnstätten im Oderbruch blieben fast nur noch Trümmer zurück.

Zwei Jahre danach durchbrach das Hochwasser die vernachlässigten Deiche und vertrieb die Oderbrücher, soweit sie zurückgekehrt waren, erneut von ihren notdürftig instandgesetzten Höfen und Feldern. Auch die Bodenreform brachte durch die Zerschlagung der Güter erst wirtschaftliche Rückschläge, dann kam die Drangsalierung der Bauern, die viele zur Flucht in den Westen veranlaßte, schließlich die Zwangskollektivierung, und heute, nach der deutschen Wiedervereinigung, eine neue Krise, gegen die auch auf den fruchtbaren Böden des Oderbruchs noch kein Kraut gewachsen ist.

Bei stillgelegten Zuckerfabriken, Absatzsorgen und einem hohen Prozentsatz von Arbeitslosen ist also von Neureichtum und Großmannssucht nicht mehr die Rede. Wollte man heute, was hier nicht beabsichtigt ist, eine

Nach 1945 hatte das Denkmal Friedrich des Großen (1905 von Hans von Glümer geschaffen) aus Letschin verschwinden müssen. Seit 1990 steht es wieder in der Dorfstraße vor dem Gasthaus »Zum Alten Fritz«.

Sowjetische Kriegsgräber gibt es in vielen Oderbruchdörfern, so wie hier in Neuhardenberg. Das Schloß entstand 1790 und erhielt 1820 von Schinkel seine heutige Gestalt.

Das Denkmal zu Ehren Friedrich des Großen im Schloßpark von Neuhardenberg wurde, als erstes Friedrich-Denkmal in Preußen, 1792 errichtet, als das Schloß noch den von Prittwitz gehörte und der Ort, der in DDR-Zeiten Marxwalde genannt wurde, noch Quilitz hieß.

Pauschalcharakterisierung der Oderbrücher wagen, dürfte dabei ein zählebiges, neuerdings wieder zu frischem Leben erwachtes Traditionsbewußtsein nicht fehlen, das sicher mit der Einzigartigkeit dieser Landschaft und der relativ jungen und überschaubaren Geschichte zusammenhängt. Es ist verständlicherweise vor allem an Friedrich den Großen gebunden, der vor allem die Trockenlegung großer Teile des Bruchs veranlaßt hatte und deshalb früher hier sechs, wenn auch bescheidene, Denkmäler hatte, von denen eins, ein richtiges Friedrich-Standbild, besondere Erwähnung verdient. Nach 1945, als man Preußen für Hitler verantwortlich machte, sollte es eingeschmolzen werden, wurde aber von einem Bauern sichergestellt, vierzig Jahre lang in einer Scheune verborgen und so dem Dorfe erhalten, wo es heute, neben dem Gasthaus »Zum alten Fritz«, wieder steht.

Das Dorf heißt Letschin. Es hat einen von Schinkel entworfenen Kirchturm (gebaut 1818), dem der letzte Krieg leider die Kirche raubte, einen Fontane-Park mit Fontane-Denkmal, eine Fontanestraße und eine Fontane-Apotheke (die leider nicht die ist, die um 1840 Fontanes Vater gehörte), und es bildet insofern den Ausgangspunkt für den Entwurf einer literarischen Oderbruchlandschaft, als Fontane hier früh, noch in seinen Apothekerjahren, die Eindrücke sammelte, die er später in Literatur umsetzte, im *Oderland* selbstverständlich (in dem übrigens Letschin nur ganz am Rande erwähnt wird), in *Unterm Birnbaum* und in *Vor dem Sturm*.

Das letztgenannte Buch, der umfangreiche Romanerstling, der an einigen Stellen einer Fortschreibung der *Wanderungen* ähnelt, soll hier in erster Linie als Vorlage des Landschaftsentwurfs dienen; denn neben der Geschichte des Oderbruchs liefert er auch eine Terrainkarte in Worten, auf der die Ebenen und die sie begrenzenden Höhenzüge, die Straßen und Wege, der Flußverlauf und die Ortschaften genau, wenn auch nicht naturgetreu, wiedergegeben sind. Die Genauigkeit ist nämlich zum Teil eine fiktive, die sich jedoch mit der tatsächlichen ständig mischt.

Das wird schon im ersten Kapitel deutlich, wenn Krist, der Kutscher, und Lewin von Vitzewitz am Heiligen Abend 1812 Berlin durch das Frankfurter Tor verlassen, Friedrichsfelde passieren und nach dem ersten Drittel des Wegs in einem Bohlsdorf rasten, das es nur in der Romanwirklichkeit gibt. Es liegt, wie man im vierten Band erfährt, zwischen den realen Dörfern Dahlwitz und Tasdorf – und zeigt damit die Methode, die Fontane in diesem Roman durchgängig anwendet: die einer topographischen Mischtechnik nämlich, die sich soweit wie möglich der Realität annähert, diese aber, wenn der Roman es verlangt, auch verläßt. Das reale Tasdorf, das nur genannt wird, um die Richtung und die schon zurückgelegte Wegstrecke zu zeigen, hat Fiktives nicht nötig und darf seinen Namen behalten; Bohlsdorf dagegen muß erfunden werden, weil es ein Dorf mit der romantischen Zutat, die der Verfasser nötig zu haben glaubt, hier nicht gibt. Diese Details aber gibt es woanders, im nahe gelegenen Dorf Tempelberg beispielsweise,

Die Kirche von Reitwein wurde in Hanglage oberhalb des Schlosses 1858 nach Entwürfen von F. A. Stüler errichtet und ist seit den Kämpfen von 1945 eine Ruine. Das Schloß aus dem 17. Jahrhundert, das den von Burgsdorffs, dann den Grafen von Finckenstein gehörte, wurde 1945 beschädigt und 1965 restlos abgetragen.

wo auf einem Grabstein zwei Lindenbäume ihre Wipfel zueinander neigen, oder in der Berliner Nikolaikirche, wo sich ein Grabspruch findet, der zu dem nächtlichen Kirchenbesuch paßt. Beide kann der allmächtige Autor nach Bohlsdorf versetzen, damit Lewin davon angerührt sein kann in der Heiligen Nacht. Das Erfundene ist also das in andere Zusammenhänge gebrachte Gefundene, eine durch den Romanautor neugeordnete Realität.

Im Prinzip ist das beim Personal des Romans ähnlich, nur komplizierter und schwerer durchschaubar, weil die Details, aus denen sich die Figuren zusammensetzen, unzählbar und tausendfach kombinierbar sind. Da darf manches reale Vorbild unverstellt unter seinem richtigen Namen auftreten, wie Prinz Ferdinand oder der Staatskanzler; da muß der Literatenverein, den der Autor kennt, seinen Namen von »Tunnel über der Spree« in »Kastalia« ändern, und gleich zwei seiner Mitglieder werden mit eignen Erfahrungen des Autors beladen: Hansen-Grell nämlich, der Fontanes Seydlitz-Ballade dichtet und mit ihr Beifall findet, und Himmerlich, der mit Nachdichtungen englischer Arbeiterlieder, wie Fontane früher, eine Niederlage erlebt. Da gibt es die zwergenhafte Botenfrau Hoppe aus den Letschiner Apothekertagen, die als Hoppenmarieken durch das winterliche Oderbruch des Romans geistert; den O-beinigen Reitergeneral von Bamme, den die vom Rheinsberger Prinzen Heinrich geliehenen nekrophilen Neigungen mehr erfreuen als plagen; und dann natürlich Berndt von Vitzewitz, die Mittelpunktsfigur des Romans. Für diese ist Friedrich August Ludwig (abgekürzt: F.A.L.) von der Marwitz Vorbild gewesen, der Gegner Hardenbergs, der Landsturmorganisator, der große Konservative, den schon Alexis, als »Isegrimm«, in einen Roman versetzte, den man als lesenswert aber kaum bezeichnen kann. Das beste Buch über F.A.L. von der Marwitz aber hat F.A.L. von der Marwitz geschrieben, eine monumentale Autobiographie unter dem Titel *Nachrichten aus meinem Leben für meine Nachkommen*, ein Buch, das Fontane liebte und für seinen Roman viel, teilweise fast wörtlich, benutzte. Dieses Buch gibt ein genaues Bild von dem Schloß und dem Dorf, in dem der Roman *Vor dem Sturm* eigentlich spielen müßte, wäre er nichts als ein Marwitz-Roman. Er ist aber mehr und anderes, und deshalb spielt er nicht in Friedersdorf, sondern in Hohen-Vietz.

Der Marwitz-Ort, Friedersdorf, ist also mit Hohen-Vietz, dem Vitzewitz-Ort des Romans, nicht identisch. Hohen-Vietz ist ein fiktiver Ort im obengenannten Sinn. Er liegt auch woanders, nämlich nicht wie Friedersdorf auf den Höhen, die das Oderbruch im Westen begrenzen, sondern unten im Bruch und auch weiter im Süden, auf Frankfurt zu.

Das wird schon klar im ersten Kapitel, wenn wir Lewin von Vitzewitz (der, ginge es streng nach den Marwitz-Memoiren, nicht der Sohn, sondern der jüngere Bruder des Erbherrn auf Hohen-Vietz sein müßte) auf seiner weihnachtlichen Schlittenfahrt nach Hause begleiten; denn sie führt ihn nicht, wie zu erwarten, auf der Küstriner Chaussee, der späteren Reichsstraße 1, über Müncheberg und Jahnsfelde nach Seelow, sondern über Petershagen direkt in den südöstlichen Teil des Bruchs. Genaueres ist über die Lage von Hohen-Vietz hier noch nicht zu erfahren, doch wird das im Verlauf des Romans anders, da immer wieder, zum Teil mit Meilenangaben, sein Standort durch sein Verhältnis zu realen Orten beschrieben wird. Sieht man ab von den größeren Städten, also Berlin, Küstrin und Frankfurt, gilt für die Ortsbenennung die Regel, daß für die reinen Standortbestimmungen immer die richtigen Namen verwendet werden, die aber eine Veränderung oder Verfremdung erfahren, wenn die Handlung in ihnen spielt. So dürften die Städte Wriezen, Seelow und Freienwalde, die Dörfer Wuschewier, Manschnow und Lietzen ihre richtigen Namen behalten, während Göritz, jenseits der Oder, zu Kirch-Göritz, Gusow, wo Tante Amalie Hof hält, zu Guse und Hohen-Jesar zu Graf Drosselsteins Hohen-Ziesar wird. Dieses Versteckspielen und Verfremden, das den Grafen Finckenstein zum Drosselstein, die Gräfin Amalie von La Roche-Aymon zur Gräfin Amalie von Pudagla wandelt, verrät dem Kenner zwar noch die historische Quelle (denn Gusow hieß in mittelalterlichen Urkunden tatsächlich Guse, und wenn die Gusower von ihrem Ort reden, hört es sich auch an wie die Roman-Benennung) – verrät dem Kenner also noch die Quelle, rettet dem Autor aber die Freiheit seiner Gestaltung, die er auch in einem historischen Roman braucht. Er kann nun das Alt Madlitz der Finckensteins, das zu weit entfernt ist, nach Hohen-Jesar verlegen, Tante Amalie zur rechten Romanzeit ihren gottlosen Tod finden lassen, ihr die testamentarischen Bestimmungen des F.A.L. von der Marwitz unterschieben und statt der Hirsche, die damals auf der Schloßbrücke von Gusow standen, die Brücke von Guse von Sphinxen bewachen lassen, die heute noch am Eingang des Schloßparks von Steinhöfel stehen.

Die vollkommenste Gestaltungsfreiheit aber bietet natürlich eine völlige Erfindung, wie Hohen-Vietz. Das kann man nie in der Realität, sondern nur im Roman besichtigen; das stellt sich, wie Schloß Wuthenow oder Schloß Stechlin, als schönes, verklärtes Ganzes nur in der Imagination des Lesers her. Man kann es aber in seine Bestandteile zerlegen und deren reale Herkunftsorte festzustellen versuchen, die manchmal sehr weit entfernt liegen, manchmal aber auch nebenan. So kann man zum Beispiel das Grabmal der beim Franzoseneinmarsch 1806 gestorbenen Frau von Vitzewitz aus Hohen-Vietz auf dem Kirchhof in Friedersdorf finden, der im Krieg kaum gelitten hatte, in den Jahrzehnten danach aber sehr. Es ist das Grab der ersten Frau von F.A.L. von der Marwitz, der reizenden Fanny, der die schönste Passage der Marwitz-Erinnerungen gewidmet ist. Der Sandstein ist schon reichlich verwittert, der größte Teil der Inschrift, die über ihr kurzes Leben Auskunft gibt, nicht mehr lesbar, wohl aber noch der Teil, den Fontane in den Wanderungen und in *Vor dem Sturm* (in jedem Fall falsch) zitiert: »Hier ruht (in Wirklichkeit: liegt) mein Glück.«

Den berühmtesten Grabspruch Friedersdorfs aber findet man nicht auf dem Friedhof, sondern in der Kirche, und er gilt jenem Marwitz, der den mit seinem Ehrbegriff nicht zu vereinbarenden Befehl des Königs, das sächsische Schloß Hubertusburg auszuplündern, verweigert hatte. Ihm ließ sein Neffe auf den Grabstein schreiben: »Wählte Ungnade, wo Gehorsam nicht Ehre brachte«, und gab damit der Auffassung des Adels von der Freiheit des Dienens Ausdruck, die im Roman *Vor dem Sturm* die Frage entscheidet, ob man notfalls ohne den König oder gegen ihn handeln dürfe, und die dann auch noch im 20. Jahrhundert, bei der Offiziersverschwörung gegen Hitler, im Spiele war.

Hierbei war bekanntlich der Adel in starkem Maße beteiligt, was den Marwitz-Grabstein aus Friedrichs Zeiten mit einem viel jüngeren, fast benachbarten, ideell verbindet – mit dem jenes Grafen Carl-Hans Hardenberg aus Neuhardenberg nämlich, der zum Kreis der Verschwörer gehörte, sich seiner Verhaftung durch die Gestapo durch einen mißglückten Selbstmordversuch zu entziehen versuchte, die Schrecken des Konzentrationslagers Sachsenhausen überlebte, nach Neuhardenberg zurückkehrte, aber enteignet und vertrieben wurde und 1958 im Westen starb. Die von ihm gewünschte Beisetzung seiner Asche auf dem Familienfriedhof hinter der Schinkel-Kirche wurde ihm damals verweigert und erst 1991 möglich gemacht.

Das Dorf, das in DDR-Zeiten Marxwalde genannt wurde, hieß zur Romanzeit, also 1812 bis 1813, noch Quilitz und gehörte dem, aus dem Siebenjährigen Krieg als Retter des Königs bekannten, Generaloberst von Prittwitz, der auch das Schloß bauen ließ. Neuhardenberg hieß es erst seit 1814, als der Staatskanzler Besitzer wurde. Das große Straßenangerdorf, das durch seine etwas leer wirkende Weiträumigkeit auffällt, ist in seiner Anlage ein frühes Werk Schinkels, sein erstes größeres Projekt. Es war 1801 einem Brand zum Opfer gefallen, und der junge Baumeister machte aus der alten Dorfanlage eine moderne. Er begradigte, verbreiterte und verlängerte die Straße und bebaute sie beidseitig mit Mittelflurhäusern in Putztechnik, die teilweise heute noch stehen. Erst 1817 folgte die klassizistische Kirche mit dem Hardenberg-Mausoleum und 1820 der Umbau des Schlosses, wobei der Gartensaal, in dem sich 1944 Graf Hardenberg zwei Kugeln in die Brust schießen sollte, im wesentlichen unverändert blieb. Auch das Marmordenkmal im Park, auf das sich der Blick aus den Gartensaalfenstern richtet, stammt noch aus den Zeiten von Prittwitz. Es war das erste aller Friedrich-Denkmäler, die es in Preußen gab.

Ebenfalls von Schinkel umgebaut, wenn auch wesentlich später, wurde das bescheidenere Schloß des F.A.L. von der Marwitz. Doch ist davon heute nichts mehr vorhanden. Es brannte aus in den Kämpfen um die Seelower Höhen und wurde nach dem Krieg gesprengt.

Kirche und Schloß standen in Friedersdorf auf gleicher Höhe und relativ nah beieinander. Das ist im Roman-Dorf, in Hohen-Vietz also, anders; da steht die Kirche auf einem Berg. Für das Oderbruch ist das ungewöhnlich, denn erwähnenswerte Erhebungen gibt es hier nur an den Rändern, wo

Nicht nur die Kirche in Neuhardenberg, sondern die gesamte Dorfanlage wurde von Karl Friedrich Schinkel erbaut.

Freienwalde, das die Bezeichnung Bad offiziell erst seit 1924 führt, als Heilbad aber schon dem Großen Kurfürsten bekannt war und von ihm gebraucht wurde, hat bei den Kämpfen am Ende des Zweiten Weltkrieges nur wenig gelitten. Die Stadtkirche St. Nikolai oberhalb des Marktplatzes ist ein Backsteinbau aus dem 15. Jahrhundert.

sich die von Gräben und Dämmen durchzogene Ebene zum Barnimer und zum Lebuser Plateau erhebt. Nun kommt aber eine Randlage im Bruch nicht in Frage, denn die Hänge befinden sich ja im Westen, also nicht in Flußnähe; Hohen-Vietz aber liegt, wie aus der Roman-Handlung hervorgeht, nicht weit von der Oder entfernt. Da sich aber im Süden die Hochfläche immer mehr dem Fluß nähert, käme vielleicht der äußerste Zipfel, wo sich das Bruch vor Lebus extrem verengt, in Frage, doch steht dem ein Satz im dritten Kapitel des ersten Bandes entgegen, der nämlich besagt, daß Lewin am Weihnachtsmorgen die eben aufgehende Sonne als roten Ball hinter dem Turmkopf der Hohen-Vietzer Kirche sah. Das aber wäre unmöglich, wenn das Schloß im Bruch, die Kirche auf dem Plateauhang, also im Westen, stünde - doch löst gerade diese scheinbar unmögliche Konstellation, nimmt man die Karte zur Hand, das Rätsel auf. Denn eine Stelle gibt es, an der man vom Bruch aus die auf der Höhe stehende Kirche im Osten erblicken könnte, nämlich da, wo sich von der Lebuser Hochfläche aus ein schmaler, bewaldeter, durch Erosion stark zerklüfteter Höhenrücken ein bis zwei Kilometer weit in das südliche Oderbruch schiebt. Er entstand, wie alle Landschaft der Mark, in der Eiszeit; durch welche Stauungen, Strömungen oder Verlagerungen wissen die Eiszeitgelehrten nicht sicher zu sagen, und er endet bei Reitwein und heißt deshalb Reitweiner Nase oder Reitweiner Sporn. Hier kann man an einem Wintermorgen vom Bruch aus mit einem Blick die Anhöhe und die aufgehende Sonne erfassen; von hier aus ist es nicht weit zur Oder; hier heißen die im Roman oft genannten Nachbarorte tatsächlich Manschnow, Hathenow, Rathstock und Podelzig; hier liegen auf der neumärkischen Flußseite gegenüber die Orte Göritz (alias Kirch-Göritz) und Ötscher; hier überquerte (im Roman mehrmals erwähnt) Friedrich II. vor und nach der unglücklichen Schlacht von Kunersdorf die Oder; hier schrieb er den verzweifelten Brief an seinen Minister Graf Finckenstein, den Vater des Roman-Drosselstein also; und, um den Rätsellösungstriumph vollzumachen, stand hier, und nur hier, das Schloß in der Bruchniederung und die Kirche auf einem Berg.

Hohen-Vietz also gleich Reitwein? Solche Gleichungen sind Romanen nie angemessen, weil sie dem Autor das Recht an Fiktivem beschneiden würden. Hier verbietet sich solche Gleichsetzung aber auch deswegen, weil Fontane zweimal das Dorf Reitwein als Nachbarort nennt. Wenn im letzten Band die von Bamme geführte Bauerntruppe zum mißglückenden Handstreich auf Frankfurt ausrückt, trennt sie sich bei Reitwein, um teils auf dem Plateau, teils in der Niederung zu marschieren, und wenn im zweiten Band Lewin mit Tubal über die vereiste Oder nach Kirch-Göritz wandert, schildert er dem Freund die Umgebung, erwähnt dabei, »hier zur Rechten«, das Finckensteinsche Gut Reitwein, wo Friedrich nach der Kunersdorfer Schlacht übernachtete – bei welcher Gelegenheit, nebenbei gesagt, zwei Bemerkungen fallen, die gut in die Vorworte zu den *Wanderungen* gepaßt hätten. Tubal spricht nämlich von der Öde der Gegend,

Das Schloß in Bad Freienwalde ist ein Werk David Gillys von 1798. Es war der Alterssitz der Witwe Friedrich Wilhelm II. Das links daneben stehende kleine Haus mit hölzernem Säulenumgang diente als Theater. 1909 wurde das Schlößchen von Walther Rathenau erworben und um den Halbrundbalkon erweitert.

die erst durch historisches Wissen Licht und Farbe bekäme, und Lewin erwähnt den Kriegsrat Wohlbrück, »drüben in Frankfurt«, den Verfasser des dreibändigen Werkes über *Die Geschichte des Bistums Lebus und des gleichnamigen Landes*, der auch (hier fließen wieder Historie und Fiktion zusammen) das Gutsarchiv in Hohen-Vietz sichtete und dabei mehrfach die Bemerkung machte, daß es uns Märkern an Geschichte nicht fehle, wohl aber an Sinn für sie.

Man kann die Erwähnung Reitweins für Spielerei und kleine Irreführung des Lesers halten, wahrscheinlicher aber ist, daß Fontane auf seiner imaginären Roman-Landkarte Hohen-Vietz etwas seitlich von Reitwein, in Richtung Podelzig, plazierte, so daß es, statt einer Gleichsetzung, richtiger wäre zu sagen: Hohen-Vietz hat etwa Reitweins Lage, es hat wie Reitwein die erhöht stehende Kirche, sonst aber nichts von ihm.

Denn die Kirche in Hohen-Vietz ähnelt in ihren mittelalterlichen Ursprüngen und in der reichen Innenausstattung mehr der Friedersdorfer. Auch stand zu Fontanes *Wanderungs*-Zeiten in Reitwein schon die vom Schinkel-Schüler Stüler gebaute neogotische Kirche, die heute eine ansehnliche und begehbare Ruine ist. An Stelle einer alten Kirche aus dem 15. Jahrhundert wurde sie 1858 errichtet und bei den Kämpfen 1945, wie fast das gesamte Dorf, zerstört. Vom Reitweiner Schloß, das erst den Burgdorffs, dann den Finckensteins gehörte, ist nichts mehr vorhanden. Auf dem Gelände des Schlosses liegen sowjetische Soldaten begraben. Denn Reitwein war während der Schlacht an der Oder ein wichtiger Punkt.

Da wo König Friedrich »im bösen Jahr 1759« (so in der Reitweiner Chronik) mit seiner Armee auf Pontonbrücken die Oder überquerte, nach drei Tagen zurückkam und an Finckenstein schrieb, er werde diese grausame Niederlage nicht überleben, genau dort, zwischen Reitwein und Ötscher, gewann die Rote Armee im Winter 1945 einen ihrer Brückenköpfe auf dem westlichen Oderufer, konnte ihn nicht nur halten, sondern auch in schweren Kämpfen erweitern, so daß sie auf dem strategisch wichtigen Reitweiner Sporn einen Befehlsstand für ihren Oberkommandierenden, Marschall Shukow, anlegen konnte, von dem aus dann im April die Schlacht um die Seelower Höhen geleitet wurde. Ein Modell dieser Bunker kann man in der Gedenkstätte in Seelow sehen. Auf dem Sporn selbst stößt man bei Waldwanderungen überall auf Reste des Grabengewirrs.

Gräber namenloser Soldaten beider Seiten kann man hier an allen Deichen und Wegrändern vermuten. Skrupellose Militariahändler sind hier mit Suchgeräten oft unterwegs, um durch Grabschändung Geschäfte zu machen. An mancher Loose (so heißen die außerhalb der Dörfer stehenden Einzelgehöfte) wurden lange noch Soldatengräber gepflegt, bis sie dann doch verfielen. Denn die DDR besann sich erst spät, durch die Helsinki-Abkommen gezwungen, auf den Schutz der deutschen Kriegsgräber, vorher wurden offiziell nur die sowjetischen Gräber, die meist einen Ehrenplatz inmitten der Dörfer haben, betreut. Der kaum bekannte, schlichte, abseits auf einem Hügel liegende, deutsche Soldatenfriedhof bei Lietzen, den schon die Wehrmacht während der Kämpfe angelegt hatte, wurde nur von der Kirche, mit westdeutscher Unterstützung, erhalten.

Hier in der Komturei Lietzen, einer Gründung der Tempelritter, die an die Johanniter überging und seit dem vorigen Jahrhundert den Hardenbergs gehörte, liegen, wie auch im benachbarten Friedersdorf, die Erinnerungen an die Höhen und Tiefen deutscher Geschichte eng beieinander. Hier läßt sich, vorausgesetzt man bemüht sich darum, Verständnis für Geschichte entwickeln, wie Fontane es vorgemacht hatte, als er an diesem Stück märkischen Landes, nimmt man die Romane, die *Wanderungen* und die autobiographischen Schriften zusammen, die ganze brandenburgische Vergangenheit aufscheinen ließ. Da wird in amüsanten Gesprächen des Pastors von Hohen-Vietz die vorgeschichtliche Besiedlung durch Germanen und Slawen deutlich; da erfährt man Einzelheiten über das Leben im Bruch vor der Trockenlegung, über die Bischöfe von Lebus, über Albrecht Thaer, den Agrarreformer, über die Dichter Tieck und Schmidt von Werneuchen, erlebt mit, wie Katte enthauptet wurde (Küstrin ist nicht weit, Hoppenmarieken macht den Weg zu Fuß in wenigen Stunden), sieht in dem anderen Kunersdorf, wo Chamisso später seinen *Peter Schlemihl* verfaßte, die tüchtige Frau von Friedland über die Felder reiten; der Epochenumbruch, den die preußischen Reformen markieren, wird am Streit zwischen Marwitz und Hardenberg lebendig; und schließlich scheint auch Fontanes eigenes Erleben aus diesen vertrauten Landstrichen auf.

Das Oderbruch war für ihn immer mit dem Vater verbunden, der in Letschin eine Apotheke, in Schiffmühle seinen bescheidenen Alterssitz hatte und dort auch seinen Grabstein bekam. Wenn der Sohn den Vater an dem mit Mummeln bedeckten Flußlauf besuchte und sie den sandigen Abhang zu den Wäldern hinaufstiegen, konnten die ausufernden Gespräche sich an Naheliegendem entzünden, an den Feldsteinen zum Beispiel, aus denen man seit jeher in der Mark Kirchen, Stadtmauern und Häuser gebaut hatte und die nun, weil man sie zum Chausseebau brauchte, dem Vater kleine Geschäfte ermöglichten; denn die Märker sind, wie der Sohn an anderer Stelle behauptet hatte, des kaufmännischen Sinnes durchaus nicht bar. Von dem verdammten Geld, das nach des Sohnes Einerseits-Andererseits auch gutes Geld sein konnte, war weder beim Sohn noch beim Vater mehr als das lebensnotwendigste hängengeblieben, aber sie machten sich nichts daraus. Sie hatten ja ihre Geschichten und ihre Geschichte, die eigne und die der Familie, die märkisch-preußische und selbstverständlich auch die französische und weit, weit darüber hinaus. In Kenntnis der Weltgeschichte war der Vater nicht nur dem Professor des Neuruppiner Gymnasiums immer über gewesen. Und auch der Sohn wußte immer, daß die märkische Kleingeschichte, sei sie nun havel-, spree- oder oderländisch, sich mit der großen, weltbewegenden in enger Wirkungsbeziehung befindet, und wir wissen es spätestens seit dem *Stechlin*.

Das Herrenhaus von Gut Sonnenburg, heute zu Bad Freienwalde gehörig, wurde 1934 von Hitlers Außenminister von Ribbentrop erworben, der hier nicht nur Golf spielte, sondern auch Besuche von Diplomaten empfing. Sein Parteigenosse Albert Speer hatte sich in dem benachbarten Oderbruchdorf Altranft eingekauft.

Schloß Groß Rietz wurde Ende des 17. Jahrhunderts erbaut und gehörte, mit einer Unterbrechung, bis in unser Jahrhundert der Familie von der Marwitz, die 1945 enteignet und vertrieben wurde. Danach diente das Schloß Vertriebenen aus dem Osten zu Wohnzwecken, doch wurden notwendige Erhaltungsmaßnahmen versäumt. Das Bild zeigt den Zustand von 1992, als nur erst die Fenster erneuert waren.

DAS SCHLOSS IN GROSS RIETZ

Es gibt Groß Rietz, Klein Rietz, Rietz Neuendorf und Wendisch Rietz. Sehenswert aber sind nur zwei dieser Dörfer: Wendisch Rietz, seiner Seen wegen, und Groß Rietz, weil es ein Schloß besitzt, dessen barocke Pracht in merkwürdigem Gegensatz zu der Dürftigkeit seiner engeren und weiteren Umgebung steht.

In der Endphase der DDR sah der Bau aus, als habe man ihn seit den Zeiten des preußischen Ministers Woellner, der 1800 hier starb, nicht mehr renoviert. Die Freitreppen waren geborsten und strauchüberwachsen, einige Fenster mit Pappe vernagelt, und außen und innen bröckelte von den Wänden der Putz. Die Flüchtlingsfamilien, die 1945 hier untergekommen waren, hatten in den nächsten Jahrzehnten, als die Ansprüche gewachsen waren, das Leben in dem alten Gemäuer als Strafe empfunden und sich eine andere Wohnung gesucht. Zurück blieben in den saalartigen Zimmern unter Stuckdecken einige alte Leute und in Schloßhof und Garten ein Gewirr von Kleingartenparzellen, Holzschuppen und Hundehütten, das das bauliche Zueinandergehören von Schloß, Park und Kirche zerstörte. Und da alles als Volkseigentum galt, also keinem gehörte, warf man auch schnell einmal Müll in den verwilderten Park. Heute ist zwar das Umfeld noch wüst, aber das Schloß prunkt wieder mit neuem Dach und rosenfarbig frischer Fassade. Aber es ist eine nur äußerliche Schönheit. Denn noch steht das repräsentative Gebäude leer.

Während sich Wendisch Rietz mit seinen Siedlungen, die sich in Kiefernwäldern verlieren, um die Südspitze des größten Gewässers der Mark, des Scharmützelsees, schmiegt, liegt Groß Rietz, das mit seinen 510 Einwohnern alles andere als groß ist, trockener und abgelegener auf der fast waldlosen Hochfläche, die sich nordwestlich von Beeskow zwischen der Spreeniederung und der Storkower Seenkette erhebt. Es ist eine vorwiegend landwirtschaftlich genutzte Gegend, die natürliche Reize nur demjenigen bietet, der die Melancholie sandiger Feldwege und den Anblick einsam auf weiten Wiesen stehender Eichengruppen zu schätzen weiß. Bis zur Mitte dieses Jahrhunderts gab es hier nur wenige gepflasterte Straßen, und auch den heutigen holprigen merkt man noch an, daß sie früher zur Hälfte aus den für Pferdefuhrwerke und Reiter bestimmten sogenannten Sommerwegen bestanden, die nur notdürftig mit Asphalt überdeckt worden sind.

Theodor Fontane, der Chronist der märkischen Adelssitze, kam im Frühjahr 1881 in diese Gegend, fand am Scharmützelsee, den die Berliner erst nach der Jahrhundertwende entdecken sollten, zwar unberührte Naturschönheiten, nicht aber historisch Bemerkenswertes, dem seine Wanderung eigentlich galt. Er war mit der Eisenbahn nach Fürstenwalde gefahren, hatte sich dort für die eintägige Tour, die er im Buch zu einer dreitägigen machte, eine Kutsche gemietet und in dem Kutscher einen Reisebegleiter gefunden, der nicht nur ortskundig war, sondern auch Originelles hatte, so daß er den Lesern der *Wanderungen durch die Mark Brandenburg* später

Der Landschaftspark von Groß Rietz verwilderte nach 1945 oder wurde durch Parzellierung verschandelt. In der Dorfkirche, die man hinter den Bäumen sieht, befindet sich ein prunkvolles Wandepitaph für den Erbauer von Schloß und Kirche, Hans-Georg von der Marwitz.

so lebendig wie eine der Fontaneschen Romannebenfiguren erschien. Er schwärmt, wenn nach langem Fahren auf schlechten Wegen der Groß Rietzer Kirchturm das Ziel ankündigt, von einem Glas Bier und von Rührei mit Schinken, während der Fahrgast die Hoffnung äußert, daß hier endlich, nach so viel Sand, Wald und Stille, ein Stück von Preußens Vergangenheit noch erhalten sein wird.

Über das Schloß und seine Geschichte erzählt dann aber Fontane nur wenig, vielleicht weil er, wie viele seiner Zeitgenossen, Barockes nicht sonderlich schätzen konnte, vor allem aber, weil er hier nur nach den Spuren eines Politikers suchte, der seinerzeit weniger berühmt als berüchtigt gewesen war.

Auf dem Friedhof, der seinen Platz rund um die Kirche bis heute bewahrt hat, ist auf einer mächtigen, angeblich 80 Zentner wiegenden Granitplatte sein Name und der seiner Frau ohne weitere Zusätze verzeichnet: »J. C. von Woellner und C. A. C. von Woellner, geborene von Itzenplitz«.

Für die Geschichte Preußens war dieser Pastorensohn, dem Friedrich der Große die adlige Heirat verwehren wollte, der dann aber von Friedrich Wilhelm II. geadelt wurde, von zweifelhafter Bedeutng, für Groß Rietz aber war sein Wirken, obwohl es keine zehn Jahre währte, trotz der hohen Verschuldung, die er hinterließ, durchaus segensreich. Bald nach dem Tode Friedrichs des Großen war Woellner, als Vertrauter des neuen Königs, Justizminister und Chef der geistlichen Angelegenheiten geworden und hatte sich 1788 durch eine Zensurgesetzgebung, die die friderizianische Toleranzepoche beendet hatte, traurige Berühmtheit erworben, weshalb er nach dem Tod seines Gönners bald auch gestürzt wurde: Friedrich Wilhelm III. entließ ihn ohne Pension.

Groß Rietz hatte er, mit dem Geld seiner Frau, schon 1790 erworben, durch moderne landwirtschaftliche Methoden und rege Bautätigkeit wirtschaftlich aufleben lassen und, zwanzig Jahre vor den Steinschen Reformen, seine Bauern weitgehend von den Abhängigkeiten befreit. In der Einsamkeit von Groß Rietz wollte er sein Alter verbringen, aber nach seinem Sturz, 1798, waren ihm nur noch zwei, seiner Frau drei Jahre vergönnt. Von seinen teilweise kunstvoll aus Feldsteinen gefügten Wirtschaftsgebäuden sind einige noch erhalten geblieben. Ein Brennereischornstein wird schon seit Jahren vom Nest eines Storchenpaares gekrönt.

Historische Zeugnisse aus Vor-Woellner-Zeiten sind in der Dorfkirche zu finden, die mit dem Schlosse zugleich entstand. Neben Grabplatten der Familie von Kracht aus dem 16. und 17. Jahrhundert, sind Altar und Kanzel aus der Erbauungszeit erhalten, und ein prunkvolles Wandepitaph aus Alabaster, das über dem, nicht mehr vorhandenen Patronatsgestühl angebracht war, ehrt den Erbauer des Schlosses, dessen schöne Porträtbüste, mit Allongeperücke, den Mittelpunkt eines Geflechts von Putten, Allegorien, Symbolen und Wappen bildet, und das wohl von einem Künstler der Schlüter-Schule, möglicherweise von Johann Georg Glume d. Ä.

Von den kostbaren Inneneinrichtungen von Schloß Groß Rietz blieben nur die Treppe und einige Stuckdecken erhalten.

geschaffen wurde, von dem auch das Denkmal des Großen Kurfürsten in Rathenow stammt. Der auf diese Weise Gelehrte hieß Hans-Georg von der Marwitz und war der Stammvater der kurmärkischen Linie dieser berühmten preußischen Adelsfamilie, die aus der Neumark und Pommern kam. Sein Vater, ein Oberst im Dienste des Großen Kurfürsten, hatte das im Dreißigjährigen Krieg stark zerstörte Groß Rietz, samt Klein Rietz, das nur ein paar hundert Meter entfernt liegt, und Rietz Neuendorf, erworben, und der Sohn, den ein Hofmarschall-Amt beim Fürsten von Anhalt-Zerbst wohlhabend gemacht hatte, konnte in seinem letzten Lebensjahrzehnt (er starb 1704) zum Erbauer des aufwendigen Schlosses werden, das er aber wahrscheinlich nur wenig bewohnt hat; denn es wurde erst vier Jahre vor seinem Tod fertig, und er war in dieser Zeit, neben seinen Aufgaben am Zerbster Hofe, auch mit dem Aufbau von Friedersdorf bei Seelow beschäftigt, das durch seine zweite Heirat, von dreien, an ihn gefallen war. Er starb in Zerbst, wurde in Groß Rietz aufgebahrt, dann aber in die Friedersdorfer Gruft überführt. An allen drei Orten wurde er mit Epitaphien geehrt.

Das elegante Schloß, das zu den wenigen auf dem Lande erhaltenen dieser Zeit gehört, wurde kurz vor 1700 erbaut. Es ist ein zweigeschossiger Putzbau mit ionischen Pilastern, der sich über einem hohen Kellergeschoß erhebt. Die von Dreiecksgiebeln gekrönten, kräftig vorspringenden Mittelrisalite auf beiden Seiten sind mit durch Schmuckwerk betonten Portalen versehen und um ein halbes Geschoß überhöht. Als Baumeister werden Giovanni Simonetti und Cornelius Ryckwaert vermutet, die beide auch in Zerbst tätig gewesen sind. Ryckwaert vor allem hatte in der östlichen Mark häufig Aufträge übernommen, so in Schwedt, Küstrin, Sonnenburg und Frankfurt an der Oder, und möglicherweise stammt auch die Dorfkirche im nicht weit von Groß Rietz gelegenen Lindenberg, ein kreuzförmiger Zentralbau, wie er ihn mit Simonetti zusammen in Zerbst gebaut hatte, von ihm.

Mit dem Verkauf von Groß Rietz an den Minister Woellner im Jahre 1790 war die Marwitz-Zeit hier aber nicht beendet, sondern nur unterbrochen; auf dem Umweg über die Itzenplitze und die Dziembowskis fielen durch Erbfolge in der Mitte des 19. Jahrhunderts Schloß und Gut an die Familie von der Marwitz zurück. Als Fontane den Ort besuchte, mußte zur Besichtigung der Woellner-Porträts, die im Gartensaal hingen, Herr von der Marwitz seine Zustimmung geben; und als 1945 die Güter enteignet wurden, waren es Marwitze, die man aus ihrer Heimat vertrieb.

Das halbe Jahrhundert sozialistischer Herrschaft ist dem Schloß, dem Park und den Wirtschaftsgebäuden nicht gut bekommen. Alles wurde so lange genutzt wie es hielt, aber nichts wurde erneuert. Der Landschaftspark, den früher barocke Sandsteinstatuen schmückten, ist, wo er nicht entstellt oder zu Kleingärten parzelliert wurde, verwildert; nur ein Grabmal der Dziembowskis und zwei Obelisken am Parkeingang zeugen von alter

Die äußere Wiederherstellung von Schloß Groß Rietz wurde, mit Ausnahme des Sockels und der Freitreppen, 1996 abgeschlossen. Im Innern sieht es noch traurig aus. Ein Nutzer für das prächtige Gebäude hat sich noch nicht gefunden.

Pracht. Dem Schloß ist nach 1945 die Zerstörung aus ideologischen Gründen, die manchem märkischen und mecklenburgischen Adelssitz zum Verhängnis wurde, glücklicherweise erspart geblieben - nach Berichten von Dorfbewohnern nur durch das Eingreifen des zuständigen sowjetischen Offiziers. Vertriebene von jenseits der Oder wohnten jahrzehntelang in den hohen und kalten Räumen. Trotz nasser Wände und bröckelndem Putz kamen ein Jugendklub und ein Kindergarten hier unter, und der Gartensaal, in dem Fontane eine Büste Friedrich Wilhelm II. und die Woellner- und Itzenplitz-Porträts bewundert hatte, wurde zeitweilig als Turnhalle genutzt. Daß die breite, doppelläufige Treppe mit Balustergeländer und die Stuckdecken in einigen Räumen diese Art Nutzung, wenn auch mit erheblichen Schäden, überstanden haben, will wie ein Wunder erscheinen. Bis zu ihrer Wiederherstellung aber wird noch einige Zeit vergehen.

Denn noch sind außen viele Arbeiten nötig. Nachdem die Brandenburgische Schlösser GmbH, ein gemeinnütziges Unternehmen, in den vergangenen Jahren mit Unterstützung der Stiftung Denkmalschutz das Dachgestühl hat reparieren, das Dach neu decken und die Fassade putzen und farblich gestalten lassen, sind in nächster Zeit nun der hohe Sockel und die beiden zweiläufigen Freitreppen dran. Dann erst kann die Innensanierung in Angriff genommen werden, und zu hoffen ist, daß sich bis dahin ein Mieter findet, der die denkmalgeschützten Räume ohne Umbauten zu nutzen versteht. Geeignet wäre das repräsentative Gebäude für ein Museum oder dergleichen. Dann könnten die beiden Woellner-Porträts, die erhalten blieben, weil sie sich 1945 in der Obhut der Kirche befanden oder dieser vielleicht auch gehörten, und die heute, gut restauriert, in der Burg Beeskow hängen, an den Ort, an den sie gehören, zurück gebracht werden. Doch wird bis dahin noch viel Geld verbraucht werden und Zeit vergehn.

Eigentümer des 1945 enteigneten Schlosses ist heute die Gemeinde. Den Enteigneten, den damals achtzehnjährigen Hans-Günther von der Marwitz, hat es 1990, als dreiundsechzigjährigen, in seine alte Heimat zurückgezogen, wo der gelernte Gärtner und Maschinenbauer heute als Landwirt wirkt. Von den ehemals 1 600 Hektar des Gutes hat er 230 gepachtet, und er hat mit seinen Ersparnissen nicht das Schloß seiner Väter, sondern einen der alten, von Woellner gebauten Ställe erworben, der ihm als Wohnung und Werkstatt dient.

Friedersdorf, bei Seelow, ist ein Straßenangerdorf mit einem außergewöhnlichen großen Dorfteich als Mittelpunkt. An seinem Ufer war früher die Zufahrt zum heute nicht mehr existierenden Schloß.

NACHRICHTEN AUS FRIEDERSDORF

I

Bei der Verhaftung geht es zwar nicht gesetzmäßig, wohl aber standesgemäß zu. Am 28. Juni 1811 fährt ein Kammergerichtsrat, von zwei Polizeidienern (sogenannte Haltunsfeste) begleitet, auf Schloß Friedersdorf vor. Spruch und Urteil eines Gerichts hat er nicht vorzuweisen, nur eine durch den Staatskanzler von Hardenberg erwirkte Anordnung des Königs: Der Major von der Marwitz auf Friedersdorf und der vormalige Regierungspräsident Graf von Finckenstein auf Madlitz sind in Festungshaft zu nehmen; der Grund für die Verhaftung ist den Verhafteten mitzuteilen; eine Haftdauer ist nicht festgelegt.

Die 20 Kilometer nach Alt Madlitz werden noch am Abend zurückgelegt. Am nächsten Morgen um halb sieben Uhr geht es in zwei Kutschen weiter. Über Wilmersdorf, Arensdorf, Heinersdorf erreicht man um zehn Uhr das Städtchen Müncheberg, wo eine Pause notwendig wird: ein Radreifen ist gesprungen, und der Schmied braucht eine Stunde zur Reparatur. In Vogelsdorf wird beim Postvorsteher zu Mittag gegessen, dann geht es ohne Halt durch bis Berlin. Um halb fünf ist man am Frankfurter Tor und wenig später Unter den Linden, wo man Aufsehen erregt. Es ist ein Sonnabend, und die Prachtstraße ist belebt. Die Verhafteten, die mit ihren Dienern im ersten Wagen sitzen, legen Wert darauf, gesehen zu werden; denn sie fühlen sich als Märtyrer einer guten Sache und sind überzeugt davon, daß ihnen Unrecht geschieht.

Vor dem Palais des ehemaligen Ministers von Voß hält man an. Während die Bewacher vor dem Hause Posten beziehen, gehen die Herren zum Tee. Außer dem jüngeren von Voß ist auch der Gutsbesitzer und Dichter Achim von Arnim da. In Kürze tauscht man die neuesten Nachrichten aus und passiert um sieben das Brandenburger Tor. Als man am Schloßpark von Charlottenburg vorbeifährt, ist es eine Genugtuung für die Verhafteten, daß der König sie sieht. »Daß die Scham nicht auf unserer Seite war«, schreibt Marwitz am Abend in sein Tagebuch, »versteht sich von selbst.«

Bei Einbruch der Dunkelheit wird die Zitadelle von Spandau erreicht. Die Kutschen rasseln über die Brücke, die schweren Tore öffnen sich ihnen; der Kommandant steht zur Begrüßung bereit. Laut Anordnung des Königs vom 24. Juni 1811 hat er die Verhafteten in die Festung aufzunehmen und sie als Staatsgefangene zu behandeln, bis man ihm anderes befiehlt.

Im Keller des Juliusturms zu schmachten, wie vierhundert Jahre vorher Dietrich von Quitzow, brauchen diese adligen Empörer nicht. Innerhalb der Festung dürfen sie sich frei bewegen; Verpflegung können sie sich, auf eigne Kosten, aus der Stadt Spandau holen lassen; und zum Wohnen und Schlafen ist ihnen im Kommandantenhaus der mit Matratzen ausgestattete Saal angewiesen, der über der Toreinfahrt liegt. Die vier Fenster des Raumes liegen nach Süden hin; man kann aus ihnen die Festungseinfahrt, die Spreemündung und in der Ferne die Türme von Potsdam und von Charlottenburg sehen. Über den Fenstern in einem Bogenfeld prangt das Wappen der Hohenzollern, mit dem Spruchband des englischen Hosenbandordens geziert: »Honni soit qui mal y pense« (Ein Schelm, der Schlechtes dabei denkt) – was Marwitz oder einen anderen Dilettanten in Poesie später zu einem Vers anregt, den er unter ein Bild der Spandauer Zitadelle setzen wird:

»Hier büßten zwei Ritter aus altem Geschlecht
Ein freies Wort für gutes Recht;
Wohl Wert des Lobes und Gesangs;
Honni soit qui mal y pense!«

Die Korrespondenz der Gefangenen wird vom Kommandanten zensiert, aber Besuchserlaubnis haben sie immer. Kaum ein Tag vergeht, an dem nicht die Ehefrauen, die Töchter, die Söhne, die Freunde kommen; und dann wird über die Vorgeschichte der Arretierung, den Stand der innerpolitischen Dinge und die Zukunftsaussichten debattiert. Von Gneisenau abgesehen, der Marwitz schätzt, ohne seine politischen Ansichten zu teilen (»Ich will diesen aus dem unglücklichen Kriege her mir achtbar gewordenen Mann in seinem Unglück nicht verläugnen und werde ihn demnach besuchen«, schrieb er an Hardenberg), sind wohl alle Besucher Parteigänger der Inhaftierten, vorwiegend Adlige selbstverständlich, aber auch Bürgerliche, wie der Rendant Vogel, dessen Frau vier Monate später mit Heinrich von Kleist in den Tod gehen wird. Alexander von der Marwitz, der jüngere Bruder, der ein Freund Rahel Levins ist, trifft hier mit Karl, dem ältesten Sohn des Grafen Finckenstein, zusammen, der in seinen jungen Jahren der Geliebte der Rahel war. Gutsbesitzer aus verschiedenen Kreisen der Mark berichten darüber, welche Schritte sie zugunsten der Gefangenen zu tun gedenken. In Lebus will man eine Bittschrift an den König aufsetzen, aber Finckenstein und Marwitz verbitten sich das: Sie wollen nicht Gnade, sie wollen ihr Recht. Nicht gebeten soll werden, sondern gefordert und protestiert. »Mit welchem Triumph hätten wir hier gesessen und Jahre lang gern gesessen«, schreibt Marwitz ins Tagebuch, »wenn die gesamte Ritterschaft sich erhoben und alle eben dadurch einerlei Meinung gewesen wären, daß ein jeder Einzelner Ehre im Leibe gehabt und, ohne auf einen andern zu warten, für das Ganze zu reden angefangen hätte… Diese ganze Geschichte unserer Gefangenschaft ist eigentlich für uns ein wahres Lustspiel, aber ein fürchterliches, wenn man bedenkt, daß diejenigen, für die es ein Trauerspiel ist, es gar nicht einmal merken und steif und fest glauben, uns geschehe etwas – ihnen aber nichts!! Sie opfern sich selbst und ihre Existenz im Staate durch ihre Trägheit und bilden sich dabei ein, daß wir Opfer sind.«

II

Der Zentralstaat mit seiner Bürokratie war von den alten märkischen Adelsfamilien, die, wie ein Schlagwort hieß, schon vor den Hohenzollern im Lande gewesen waren, immer mit Mißtrauen betrachtet worden, weil er ihre politischen Rechte beschnitt. Zu Anfang des 15. Jahrhunderts hatte sich der erste Hohenzoller dem von den Quitzows geführten rebellischen Adel unterworfen; jahrhundertelang waren zwischen den Fürsten und dem Adel Kompromisse geschlossen worden, bis dann im 18. Jahrhundert der Fürst die Macht ganz an sich riß. Der Adel, der die Erhaltung seiner Privilegien mit politischer Machtlosigkeit bezahlte, wurde dem absolutistischen Herrscher als Offizier oder Beamter dienstbar. Zwar blieb er Herr über seine Güter, aber seine politische Interessenvertretung, die Landstände, waren nur noch pro forma da. Der Adelsstolz vor Königsthronen nährte sich von der Vorstellung, daß man im Interesse des Staates die eigne Macht an den König nur delegiert hatte, daß also ein Vertrag bestand, der von beiden Seiten zu respektieren war.

Die Geschichte des Marwitz, der im Siebenjährigen Krieg den Befehl seines Königs, Friedrich II., zur Plünderung des Schlosses Hubertusburg verweigerte, weil dessen Ausführung seine Ehre beschädigt hätte, ist ein bezeichnendes Beispiel für diese Denkungsart. »Wählte Ungnade, wo Gehorsam nicht Ehre brachte«, ließ ihm sein Neffe auf den Grabstein schreiben, und er brachte damit zum Ausdruck, daß ein adliger Offizier trotz seines Dienstverhältnisses bei Gewissensentscheidungen die Freiheit der Wahl besaß.

Dieser Neffe, Friedrich August Ludwig von der Marwitz, der Gegner Hardenbergs und spätere General und Memoirenschreiber, war der Meinung, daß die Hohenzollern mit den preußischen Reformen, die unter anderem die Bauern aus ihrer Abhängigkeit vom Gutsherrn befreiten, die Verträge, die sie mit dem Adel einst geschlossen hatten, brachen; und dem Buchstaben nach hatte er damit recht. Auch in absolutistischen Zeiten waren die verbrieften Rechte des Adels von jedem König wieder bestätigt worden; die Landstände hatten ein Schattendasein geführt, aber aufgelöst worden waren sie nicht. Auch zur Thronbesteigung Friedrich Wilhelm III. hatte das Ritual der Erneuerung der Adelsprivilegien gehört. In den Augen des Adels war der König also vertragsbrüchig geworden, als er dem Staatskanzler Hardenberg freie Hand für die Reformen gegeben hatte; denn diese führten ja den Abbau der Adelsprivilegien herbei.

Marwitz, rechtskundig, rechtschaffen und rechthaberisch zugleich, hielt es für seine Pflicht, sich gegen diese Verletzung des geschriebenen Rechts zu wehren. Im Herbst 1810, nach Erscheinen des Finanzedikts, das auch dem Adel neue finanzielle Lasten auferlegte, ging er zum König, um ihn an seine 13 Jahre vorher abgegebenen Versicherungen zu erinnern, in denen es geheißen hatte: »Wir versprechen bey Unserm Königlichen Worte, daß wir obbemeldete getreue Stände … bey ihren wohlhergebrachten Privilegien, Freiheiten und Gerechtigkeiten zu allen Zeiten schützen … wollen.« Aber Marwitz wurde nicht vorgelassen und schlug deshalb andere, sozusagen adelsparlamentarische Wege ein. Er, der das Alte konservieren woll-

Die Zitadelle von Spandau, nahe der Mündung der Spree in die Havel, wurde im 16. Jahrhundert auf Resten einer mittelalterlichen Burg erbaut. In ihr war im Sommer 1811 F. A. L. von der Marwitz inhaftiert.

te, wurde dadurch zum Vorläufer des Neuen, des modernen Parteipolitikers nämlich - noch ehe eine Partei bestand. Unter Berufung auf die in der Mark nie aufgehobene ständische Verfassung des Großen Kurfürsten von 1653 machte er nun die Ständeversammlung zu seiner Tribüne, das heißt, er versuchte, das seit einem Jahrhundert scheintote Mitspracherecht der Ritterschaft wieder aufleben zu lassen. Durch rege Korrespondenz, durch Denkschriften und Reden bemühte er sich, seine Standesgenossen zum Widerstand zu ermuntern. Publikationsmöglichkeiten standen ihm dabei nicht zur Verfügung; denn die Zeitungen waren regierungstreu - notgedrungen, wie das Schicksal der kurzlebigen *Berliner Abendblätter* Heinrich von Kleists beweist. Die hatten ihre Spalten, um einen Meinungsstreit zu führen, auch der konservativen Opposition, die hier vor allem durch Adam Müller vertreten wurde, geöffnet und waren Zensurschikanen zum Opfer gefallen. Im Februar hatte Adam Müller noch an Marwitz geschrieben: »Aber hieß ich Marwitz oder Prittwitz, so wollte ich das schwache, zähe Rohre, welches zum Staatskanzler über diese Eichen- und Buchenwälder [gemeint ist der bodenständige Adel] gesetzt ist, heute noch krümmen, daß es brechen müßte.« Im März war die letzte Nummer der *Abendblätter* erschienen. Im Mai wurde in Frankfurt (Oder) die von Marwitz verfaßte *Letzte Vorstellung der Stände des Lebusischen Kreises* verabschiedet, der sich der Kreis Beeskow-Storkow anschloß; worauf dann im Juni der Staatskanzler beim König auf strenge Bestrafung der schuldigen Adligen drang. Die Rittergutsbesitzer, schrieb Hardenberg, »geben sich das Ansehen, als ob sie wie Mittelspersonen für das Volk sprächen, da sie doch nur ihre Vorrechte zum Nachtheil des Volks verfechten. ... Das Ansehen und die Autorität Eurer Königl. Majestät ... stehn auf dem Spiele ... Ich würde unterthänigst anraten, den Grafen von Finckenstein und den Major von Marwitz auf unbestimmte Zeit ... auf die Festung zu schikken.«

Diese *letzte Vorstellung* ist ein politisch interessantes und scharfsinniges Dokument. Mit Hardenbergs Randbemerkungen versehen, gibt sie Einblick in das Für und Wider der Reformprobleme, und in altertümlichem Gewande nimmt sie eine moderne parlamentarische Grundsatzdebatte vorweg. Sprachregelungen, die zugleich mit dem Aussprechen einer Tatsache eine Tendenz vermitteln, sind auf beiden Seiten schon ausgebildet und werden von Marwitz auch thematisiert. So beschwert er sich darüber, daß Hardenberg die Ritterschaft und die Stände realistisch als adlige Gutsbesitzer bezeichnet; Hardenberg wiederum lehnt den Begriff Revolutionierung, den Marwitz für die Reformen verwendet, entrüstet ab. Marwitz erkennt sehr richtig, daß nachrevolutionäre französische Grundsätze den Reformen als Muster gedient hatten, und Hardenberg sieht das als eine Beleidigung an. Die Angst vor einer Revolution von unten benutzen beide Kontrahenten zur Begründung ihrer Thesen: Marwitz sieht jede Änderung in den Eigentumsverhältnissen, Hardenberg das Weiterbestehen des »gutsherrlichen

Die Friedersdorfer Kirche ist ein Feldsteinbau aus dem 13. Jahrhundert, der um 1700 stark verändert wurde, vor allem im Innern und am Turm. Mit dem Wiederaufbau der im Krieg teilweise zerstörten Kirche wurde bald nach der Wiedervereinigung begonnen.

Die Friedersdorfer Kirche hält im Innern durch Epitaphe und Grabsteine das Erinnern an viele Generationen der Familie von der Marwitz wach. Zu DDR-Zeiten wurden auch die unzerstörten Teile der Kirche durch Vernachlässigung dem Verfall preisgegeben.

Drucks« als revolutionsbegünstigend an. Wenn Marwitz scharfsinnig anprangert, daß die Reformen alle Werte käuflich machten, flüchtet sich Hardenberg in die Phrase, daß das Streben nach Geld die Regierng keineswegs beseele. In dieser Hinsicht sah der extrem fortschrittsfeindliche Marwitz schärfer als andere: er sah nämlich, daß die Reformen die Substanz der alten Gesellschaft zerstörten und daß das Ergebnis des Fortschritts nicht das Humane, sondern das Kapitalistische war. »Den Krieg der Besitzlosen gegen das Eigentum, der Industrie gegen den Ackerbau, des Beweglichen gegen das Stabile, des krassen Materialismus gegen die von Gott eingeführte Ordnung, des (eingebildeten) Nutzens gegen das Recht ...« nennt er später die Reformen. Und er resümiert: »Sonst war der Wahlspruch: Jedem sein Recht! Jetzt scheint er zu sein: Jedem sein Geld! Denn selbst da, wo Rechte angegriffen worden sind, ist man bemüht gewesen, nach Möglichkeit Geldentschädigung und Profit herbeizuspekulieren. Das Geld, bis dahin ein notwendiges Übel, ist nach und nach zu einem Götzen geworden, dem jeder huldigt.«

Diese Kritik, die uns die Haltung der *Letzten Vorstellung* verständlicher macht, mündet nun aber in eine Tendenz, die uns heute erschrecken läßt: In Judenfeindlichkeit nämlich. Die Juden, denen seit dem Mittelalter zünftiges Handwerk, Bodenbesitz und Bodenbearbeitung verboten waren, hatten nur als Klein- oder Viehhändler tätig werden können oder in dem von der agrarischen Gesellschaft als schmutzig empfundenen Geldgeschäft. Der Landadlige, der das Geld verachtete, aber brauchte, kannte Juden vor allem als Geldverleiher, von denen er finanziell oft abhängig wurde; er setzte deshalb eine Gesellschaft, in der das Geld herrschte, mit einer von Juden beherrschten gleich. Wenn Marwitz in der *letzten Vorstellung* dem König in schwarzen Farben ausmalt, in welche Abgründe die Reformen den Staat stürzen werden, steht am Ende die düstere Zukunftsvision, daß »unser altes, ehrwürdiges Brandenburg-Preußen ein neumodischer Judenstaat« wird. Die Begründung dieser Annahme ist einfach: wenn, wie die Reformen vorsehen, den Juden erlaubt wird, Grundeigentum zu erwerben, werden sie alles aufkaufen, denn »sie haben die Masse des baren Geldes in Händen«.

Daß Marwitz in seiner Zeit mit dieser Ansicht nicht allein stand, ist bekannt. Bei Fichte und Clemens Brentano kann man ähnliches lesen. Hardenberg, der die (allerdings nur kurzfristige) Emanzipation der Juden herbeiführte, war darüber auch nicht so empört wie über andere Passagen der Denkschrift. Als Randbemerkung fiel ihm nur ein, daß »diese ganze Tirade ebenso ungerecht als unpassend« und »unschicklich« sei.

III

Während Marwitz, der sich für alle öffentlichen Angelegenheiten jederzeit verantwortlich fühlte, in Spandau Gespräche führte, Briefe schrieb, neue Denkschriften verfaßte, sich über die Verteidigungsfähigkeit der Zitadelle bei einem zu erwartenden neuen Krieg gegen Frankreich Gedanken machte, den Ausbildungsstand der Garnison kritisierte und die Kosten der ihm zu langsam vorankommenden Befestigungsarbeiten berechnete, bereitete sich bei ihm zuhause in Friedersdorf eine Katastrophe vor. Am Sonntag, dem 21. Juli, an dem viel Familienbesuch kam und alles heiter war, glaubte er die Nachricht von der Erkrankung des Sohnes nicht ernst nehmen zu müssen; aber fünf Tage danach erfuhr er: es war die Ruhr. Wenig später meldeten die Boten, die nun zwischen Spandau und Friedersdorf hin und her eilten, zugleich mit der Besserung des Sohnes die Erkrankung der Tochter, die erst zwei Monate alt war. Alexander, der jüngere Bruder, der eigentlich in Potsdam wohnte, jetzt aber den Älteren als Gutsherrn vertrat, meldete am 30. Juli den Tod der Kleinen und schrieb einen Tag später einen Brief an Rahel, aus dem hier eine Passage zitiert werden soll, weil er die Unterschiede zwischen den Brüdern markiert. Während der harte und strenge Ältere auch seine Gefühle diszipliniert, schwelgt der durch den romantischen Geist der Berliner Salons gebildete Alexander in ihnen. Sein Brief an Rahel vom 31. Juli (»nachmittags sechs Uhr«) handelt eigentlich nicht von dem toten Kind und von dessen Mutter, sondern von einem Freund Rahels, dem Architekten Genelli, der einer Tochter des Grafen Finckenstein wegen in Madlitz lebt. »Ich schreibe Ihnen, liebe R., ganz begeistert von Genelli, der eben hier war und die größten Szenen vor mir aufgeführt hat, redend, richtend, prophetisch, priesterlich. Mit mir hat er die wahrsten und scharfsinnigsten Dinge gesprochen, über die Lage der Welt und unsres Staats, über die Bildung der Deutschen, Goethe, Schiller, p.p. Dann ging er mit mir und der jüngsten Gräfin Fink (einem hübschen, schuldlosen Mädchen) zu einem toten Kinde meiner Schwägerin. (Hier ist nämlich großes Herzleid. Mein Bruder ist entfernt, das jüngste Kind ist vorgestern an Krämpfen gestorben, und das älteste, der Knabe von dem ich Ihnen schrieb, liegt todlichkrank an der Ruhr danieder.) Das Kind im Sarge lag vor uns in einem helldunkel grünen Zimmer; ich stand hinter dem Sarge, links von mir saß auf einem Ruhbett meine Schwägerin in Tränen, neben ihr auf der einen Seite Genelli, auf der andern stand die kleine Fink. Er sah eine Weile das Kind an, dann küßte er meiner Schwägerin mehrere Male die Hand, die er mit beiden Händen gefaßt hielt, und sagte mit tiefer Rührung und aus der innersten Überzeugung: ›Dafür giebt es keinen andern Trost als Gott. Fühlen Sie, daß der ist, so lassen sie Ihre Tränen reichlich fließen, sie werden Ihnen nicht zu Schaden kommen.‹ Wir gingen, ich mit ihm, in ein andres Zimmer. ›Ich möchte eine Mutter sein‹, hub er wieder an, tiefgerührt und mit Tränen im Auge, ›nur um diesen Schmerz zu fühlen‹.«

In Marwitz' Spandauer Tagebuch steht darüber nichts als die Mitteilung, daß er am 31. Juli um 9 Uhr morgens vom Tod seiner »kleinen Elisabeth« erfahren habe. Dann erzählt er von seinem Urlaubsgesuch an den König, von der Nachricht über seine Entlassung und die Abfahrt um 6 Uhr abends.

»Um 7 1/2 Uhr war ich in Berlin, um 8 Uhr wieder am Tor, um 11 Uhr in Vogelsdorf, um 2 Uhr in Müncheberg, wo ich bis 3 Uhr warten mußte und so um 5 Uhr morgens, den 1. August, nach Friedersdorf kam. Ich fand meinen lieben Rudolf auch tot. Den Abend vorher, 10 Uhr, war er gestorben, gerade da man seine kleine Schwester beisetzte. So hatte meine Frau in zwei Tagen ihre beiden Kinder und ihre ganze Freude verloren. Mit meinem Sohn fielen auch alle meine Hoffnungen auf die Zukunft. Ich war gewiß, daß er ausführen würde, was ich nicht mehr erleben werde. Wie sehr schlägt Unglück, von Himmel gesendet, uns nieder, wenn man gleich über alles erhaben ist, was Menschen uns antun können. Ich habe, spottend über ihre Ohnmacht, mein Haus vor fünf Wochen frohen Mutes verlassen. Es war der Sitz der Freude und des Glücks, und nun finde ich nichts als Elend wieder.«

Damit endet das Hafttagebuch, das aber inhaltlich von einem Brief Alexanders an Rahel vom 1. August ergänzt wird: »Wenige Stunden, nachdem ich Ihnen diese Zeilen geschrieben, starb der Knabe, am Abend um 1/4 auf 11. Der Arzt, der bei ihm war, hatte den ganzen Tag aus grober Unwissenheit gute Hoffnungen gegeben, obgleich der Tod sich schon der Züge des Gesichts bemeistert hatte ... Um neun Uhr kam Berends aus Frankfurt, er sagte gleich, daß der Knabe im entsetzlichsten Fieber läge, mir, daß er agonisiere. Wie soll ich Ihnen die Szene beschreiben, die hierauf folgte? Die Mutter, der nun mit einem Male die fürchterliche Bedeutung der Züge offenbar wurde, die über ihn gebeugt, verzweifelnd, das fliehende Leben aufhalten wollte. Noch immer höre ich ihren Ruf: Ach mein Rudolf, wie siehst du aus? Bleib bei mir, mein Kind! Dies in dem Tone, als ob ein Beil ihr durch die Seele schnitte. Der Knabe, der nun anfing zu röcheln, in der Brust kochte es ihm wie siedendes Wasser im Kessel (haben sie dieses Entsetzliche je gehört?) So eine halbe Stunde, dann starb er. Nun ging Berends, nachdem er ein paar edle, starke, aber wohltätige Worte zu meiner Schwägerin gesprochen. Sie blieb sitzen zu Häupten des toten Kindes; ich stumm neben ihr, hatte sie bei der Hand gefaßt; zu den Füßen des Kindes saß Karoline Fink, die Vestalengestalt, still weinend. Das dauerte bis 1 Uhr nach Mitternacht. Nun legte sich die Mutter nieder, ich ging zu Bett, hatte aber bis 3 Uhr mit einem Gedankenfieber zu kämpfen, dann schlief ich ein. Um fünf morgens trat mein Bruder in mein Zimmer. Er kam aus Spandau, wohin ich zu ihm geschickt hatte nach dem Tode des jüngsten Kindes, und wo man ihn hierauf freigelassen. Er hatte den Knaben sehr geliebt und mit Recht viel von ihm gehofft, und wie gewaltig er sich erweichen kann, ungeachtet seiner großen Strenge, habe ich Ihnen ja wohl gesagt. Alle Glieder zitterten ihm, wie nach dem Tode seiner ersten Frau. Wie der übrige Tag bald in stummer, bald in gesprächiger Trauer verging, wie wir das tote Kind besuchten, das unentstellt in schuldloser Ruhe zwischen Blumen, mit einem Asternkranz auf dem Haupte, vor uns lag, das kann ich Ihnen nicht weiter beschreiben.«

Chor und Gruftanbau der Friedersdorfer Kirche, die 1945 eine Granate zerstörte, sind jetzt originalgetreu wiederaufgebaut.

Marwitz' Leben wurde auch in seinem weiteren Verlauf noch vom Tode begleitet. Von den sechs Töchtern, die seine Frau noch zur Welt brachte, überlebten ihn fünf, von den drei Söhnen nur einer, der jüngste, und seine zwei jüngeren Brüder, die ihn wie einen Vater betrachtet hatten, fielen im Krieg. Als ihm der zweite Sohn starb, gerade während der Organisierung der Landwehr 1813, schrieb er ins Tagebuch, daß diese Prüfung ihn dazu reif machte, nur noch fürs Vaterland zu leben. Und als der dritte geboren wurde, lud er das ganze Dorf zum Gevatter, bat alle, für die Gesundheit und Überlebensfähigkeit des Kindes (das mit fünfzehn Jahren als Schüler der Ritterakademie in Brandenburg starb) zu beten, und hielt eine Taufrede, die mit Recht unter seinen politischen Schriften steht. Denn da er seine patriarchalische Herrschaft über das Gut als öffentlichen Dienst auffaßte, war für ihn auch die Taufe seines Nachfolgers, wie die eines Kronprinzen, ein politischer Akt.

IV

Napoleon, der in diesen Jahrzehnten die Geschichte Europas bestimmte, war in Preußen auch innenpolitisch immer präsent. Die Reformen waren durch seinen Sieg von 1806 ermöglicht und durch seine Kriegsschuldforderungen erzwungen worden; die preußische Armee mußte modernisiert werden, um der seinen ebenbürtig zu sein. War er einerseits also indirekt Ursache für das Zerwürfnis zwischen Reformern und Reformgegnern gewesen, so war andererseits der Wille, ihn loszuwerden, das die Kontrahenten vereinigende Ziel. So wie Gneisenau trotz politischer Differenzen den Offizier Marwitz zu schätzen wußte, so war Marwitz bereit, alle Meinungsverschiedenheiten zu vergessen, wenn es um den Kampf gegen Napoleon ging. Als Politiker war er der Gutsherr, der seine Privilegien verteidigte, als Offizier aber der Verteidiger des Vaterlands. Innerer Pflicht folgend, seiner Neigung und seinen ökonomischen Interessen zuwider, hatte er 1805 und 1806 seine Güter verlassen, um wieder als Offizier zu dienen; nach der Kapitulation von Prenzlau war er auf abenteuerlichen Wegen nach Ostpreußen geflohen, um sich der Restarmee wieder anzuschließen, hatte (darin mit den Heeresreformern einig) einen Plan für den Volksaufstand gegen Napoleon entworfen und zu diesem Zwecke ein Freikorps geschaffen, das im Rücken des Feindes nach Berlin vordringen sollte, war aber durch den Friedensschluß von Tilsit nicht mehr zum Einsatz gelangt.

Der Streit um sein Oppositionspapier *Letzte Vorstellung an den König* war in eine Zeit gefallen, in der sich die Gegensätze zwischen Napoleon und Rußland verschärft hatten und Krieg möglich schien. Alle Gegner Napoleons hofften, daß Preußen sich mit Rußland verbünden würde. Scharnhorst und Gneisenau, die auf entscheidende Posten befördert worden waren, begannen heimlich zu rüsten. (Die Befestigungsarbeiten, die Marwitz in seiner Spandauer Haft hatte beobachten können, gehörten zu diesen Maßnahmen dazu.) Im September reiste Scharnhorst nach Moskau, um Koalitionsverhandlungen einzuleiten; Marwitz aber, der die zögernde Vorsicht des Königs kannte und oft genug kritisiert hatte, glaubte nicht an den Krieg. Eine Notiz vom 18. September 1811 zeigt, wie realistisch er dachte, und daß er sich durch patriotische Leidenschaften den Blick nicht trüben ließ.

Warum Heinrich von Kleist, der an diesem Tag, von einem Besuch bei der Familie in Frankfurt kommend, den Umweg über Friedersdorf gemacht hatte, weiß man nicht. Wahrscheinlich kannte er den gleichaltrigen Marwitz durch dessen Bruder Alexander, der in Berlin in den gleichen Kreisen wie er verkehrte, vielleicht aber auch über Marie von Kleist, die Vertraute seiner letzten Jahre, die mit Frau von der Marwitz, geborene Gräfin Moltke, befreundet war. Durch seine Erfolglosigkeit als Autor, das Ende seiner *Berliner Abendblätter* und das Zerwürfnis mit der Familie war er in eine aussichtslose Situation geraten, in der ihm der Krieg, in dem er wieder hätte Offizier werden können, als Rettung erschien. In einem Gespräch über die nahe Zukunft, so ist zu vermuten, gingen die Meinungen, so pessimistisch sie allesamt auch waren, doch auseinander, und man schloß über den Wahrheitsgehalt der Vermutungen eine Art Wette ab. Jeder notierte seine Prognose und zeichnete sie mit Datum und Name: Charlotte von der Marwitz, F.A.L. von der Marwitz und Kleist. Wäre es jemals zur Auswertung dieser Notizen gekommen, wäre Marwitz als Gewinner hervorgegangen; denn während Kleist prophezeit hatte, daß der Krieg innerhalb von vier Wochen ausbrechen würde, und auch Charlotte, ohne einen Zeitpunkt festzulegen, mit Kämpfen gerechnet hatte, war er der Meinung: es kommt nicht zum Krieg. Allen gemeinsam aber war die Überzeugung, daß Napoleon früher oder später über Preußen siegen würde; und das hat sicher seinen Eindruck auf den Dichter, der sich neun Wochen später am Kleinen Wannsee totschoß, nicht verfehlt.

Anderthalb Jahre später, als Napoleon in Rußland geschlagen war und General Yorck (übrigens auch ein Reformgegner) die Konvention von Tauroggen geschlossen hatte, war bei Marwitz von Pessimismus nichts mehr zu spüren, viel aber von Aktivität. Sein Bruder Alexander, der unter Schill und bei den Österreichern gekämpft hatte, riet ihm, bei seinem alten Feind, dem Staatskanzler, vorstellig zu werden und diesen zum Losschlagen zu ermuntern; und es spricht für Marwitz' Verantwortungsbewußtsein, daß er allen Groll in sich niederkämpfte und diesen Schritt tat.

In seinem Roman *Vor dem Sturm*, der im ursprünglichen Plan noch stärker als in der Ausführung die Brüder Marwitz als Vorbild gehabt hatte, hat Theodor Fontane diese Begegnung, wie vieles andere aus den Marwitz-Aufzeichnungen, übernommen; aber obwohl er die Schilderung ausführlicher machte und Originalzitate verwendete, fehlt der Szene die innere Spannung, die sie bei Marwitz hat. Denn im Roman, in dem die Reformproblematik keine Rolle spielt, stehen sich nur der wendige, zaudernde

Diplomat und der aufrechte, entschlossene Soldat gegenüber, in der historischen Realität aber kam das Spannungsverhältnis zwischen Reformer und dem Reformgegner, dem ehemaligen politischen Häftling und dem Machtinhaber hinzu. »Ich kann es nicht beschreiben, welchen Eindruck mein Eintritt auf ihn machte«, schreibt Marwitz, um dann aber zu beweisen, daß er es doch zu beschreiben versteht. Er glaubt Scham über das Vergangene bei Hardenberg zu bemerken, daneben aber auch »das Bestreben, in diesem hochwichtigen Moment mir nicht abermals nichtswürdig zu erscheinen«, und das bringt »eine seltsame Mischung von Verlegenheit und zuvorkommender Höflichkeit hervor«. Hardenberg wird gesprächig, gibt Marwitz in allem recht, nur in der Schlußfolgerung nicht: da zieht er sich auf das Zaudern des Königs zurück (das bei Fontane ganz fehlt). »Also noch nicht belehrt? Die Zeit nicht begriffen? Napoleon noch nicht kennengelernt?« denkt sich Marwitz - und so steht es wörtlich auch bei Fontane, aber dann fängt im Roman das Romanhafte an. Denn der historische Marwitz wartete, wie die ganze Mark Brandenburg, auf den Befehl von oben, ehe er seine später berühmte Lebuser Landwehr formierte; der Roman-Marwitz aber, der Vitzewitz heißt, kommt, wie die Ostpreußen unter Stein, dem Aufruf »An mein Volk« zuvor. Was Marwitz im Winter 1812-13 erwog und den anrückenden Russen vorschlug, nämlich die Franzosen in Frankfurt und anderswo an der Oder zu überrumpeln, darf Vitzewitz im Roman ausführen, wenn auch ohne Erfolg. Zu dem Zeitpunkt etwa, an dem der Roman endet, begann in Wirklichkeit Marwitz erst mit der Organisierung der Landwehr; und seine Bauerntruppe war die erste westlich der Weichsel, die fertig war. In der Partisanenmanier des Romans hat sie dann diesseits und jenseits der Elbe gefochten; im Gefecht von Hagelberg (in der Nähe von Belzig) war der Sieg vorwiegend ihr zu verdanken; und erst im Sommer 1814 kehrte sie in ihre Heimat an der Oder zurück.

Im April 1815, nach Napoleons Rückkehr von Elba, zog Marwitz zum letztenmal in den Krieg. Hochdekoriert (unter anderem mit dem Pour le Mérite) kam er Ende des Jahres aus Frankreich nach Hause, wurde zum General ernannt und bekam eine Brigade in Odernähe, so daß er in Friedersdorf leben konnte: Offizier und Gutsherr zugleich. Wie in allen seinen Militärpositionen wurde auch in dieser sein Verhältnis zu den Vorgesetzten bald zu einem Mißverhältnis, da er mit seiner Kritik an ihnen nicht hinter dem Berg halten konnte und das niemand vertrug. Als Prinz Wilhelm, der spätere Kaiser Wilhelm I., zu seinem Chef anvancierte, wurden die Zusammenstöße, die er mit ihm hatte, so unerträglich, daß Marwitz 1827 seinen Abschied nahm. Bei seiner »Neigung zum ruhigen Landleben« wäre er schon früher gern aus dem Militärdienst geschieden, »allein das schlechteste aller Motive, das Geld, vermochte« ihn noch »länger in der Sklaverei« zu halten - ein Bekenntnis, das am Ende des Jahrhunderts auf Fontanes Dubslaw von Stechlin »einen großen Eindruck« macht. »Denn es gehört

Auch das Innere der Friedersdorfer Kirche entsteht heute langsam wieder in seiner alten Gestalt. Ihrer vielen historischen Denkmäler wegen hat Fontane die Kirche ein »Ohnegleichen« genannt.

Neben der Friedersdorfer Kirche liegt, von einer Mauer umgeben, der Familienfriedhof, der in den Jahrzehnten nach 1945 verwilderte und beschädigt wurde, jetzt aber wieder hergerichtet wird. Seit dem Anfang des 19. Jahrhunderts wurde hier begraben. Davor wurden die Toten in der Gruft beigesetzt.

was dazu, das so ruhig auszusprechen. Die Menschen sind in allen Stücken so verlogen und unehrlich, auch in Geldsachen, fast noch mehr als in Tugend. Und das will was besagen.«

Eine vorübergehende national-liberale Phase in Marwitz' Denken, in der er von Verfassung geredet und von einem preußischer Kaiser in Teutschland geträumt hatte, war mit den Befreiungskriegen, mit denen sie begonnen hatte, auch zu Ende gegangen. 1815 hatte er sich sofort wieder auf seine altpreußisch-ständischen Ansichten besonnen. Zusammen mit anderen märkischen Adligen, die jetzt wieder in Führungspositionen drängten (die Reformer waren meist »Fremde« gewesen), wirkte er als Mitglied des Staatsrats, als Marschall der 1823 wiederbegründeten märkischen Landstände, die jetzt Provinzialstände hießen, und als Redner und Denkschriftenschreiber an der teilweisen Rückgängigmachung des Reformwerks mit. Nach dem Tod seines ältesten Sohnes, 1833, zog er sich aus allen öffentlichen Ämtern zurück, schrieb in Friedersdorf an seinen Memoiren und starb dort nach längerer Krankheit 1837, 61 Jahre alt.

Das Testament, das er hinterließ, ein Musterbeispiel patriarchalischen Denkens, legte die Einzelheiten der Bestattungsfeierlichkeiten, an denen das ganze Dorf beteiligt sein sollte, genau fest. Wenn er nach dem Inhalt der Predigt (»der Prediger soll sich an den [Bibel-] Text halten und mich nicht loben wegen dessen, was ich auf Erden getan«) und der Aufzählung der zu singenden Lieder, zur Ordnung des Trauerzuges kommt, überrascht es, nach »1. der Küster mit der Schuljugend, 2. die ganze Gemeine, 3. der Prediger, 4. der Sarg«, unter 5. zu lesen, daß als einzige »meine Gemahlin« den Zusatz erhält: »Wenn sie anwesend ist«.

V

Witwen bedeutender Männer sind in den meisten Fällen der forschenden Nachwelt ein Dorn im Auge, weil sie aus durchaus verständlichen Gründen nicht überlieferungsfördernd, sondern -verhindernd sind. Da sie das Bild des Verstorbenen in strahlender Reinheit erhalten wollen, sind sie bestrebt, Schmutzflecke oder was sie dafür halten, zu retuschieren, und sie vertreten die Meinung, daß alles, was den Mitlebenden nicht bekannt werden sollte, auch die Nachgeborenen nichts anzugehen hat.

Charlotte Gräfin von Moltke, die seit 1809 von der Marwitz hieß, kommt in den Memoiren des Generals und in seinen Tagebüchern kaum vor. Sie selbst hat als Witwe auch Erinnerungen geschrieben, darin aber nur ihre Jugendjahre behandelt, also nichts getan, um das Dunkel, das über ihrem Eheleben liegt, zu erhellen; im Gegenteil: vermutlich hat sie manches sich darauf beziehende Schriftstück vernichtet und manche Tagebuchstelle, die darüber hätte Auskunft geben können, getilgt. Die Forschung kann also nur aus Indizien auf die Qualität dieser Ehe schließen, aber doch mit ziemlicher Sicherheit sagen: Sie war, will man nicht die zehn Kinder, die sie hervorbrachte, als Gegenbeweis gelten lassen, alles andere als gut.

Charlotte, drei Jahre jünger als Marwitz, wurde 1780 im mecklenburgischen Wohle in eine zerrüttete Ehe hineingeboren, verlebte eine unglückliche Kindheit mit böser Stiefmutter, liederlichen Gouvernanten und leichtsinnigen, auf ihre reiche Mitgift spekulierenden Bewerbern, bis sie 1798, mit siebzehneinhalb Jahren, als Hofdame der Königin Luise nach Berlin vermittelt wurde, wo die glücklichste Zeit ihres Lebens für sie begann. Als sie im April 1809 ihren Dienst bei der Königin aufgab, um in Charlottenthal (Ostpreußen) Frau von der Marwitz zu werden und dann nach Friedersdorf abzureisen, war dieser Abschied der Königin wichtig genug, um der Zarin Elisabeth brieflich davon Mitteilung zu machen. »Ihre Abreise schmerzt mich; sie ist ein ausgezeichneter Mensch«, schrieb Luise aus Königsberg und nahm damit ungünstigere Urteile zurück, die sie im Lauf von elf Hofdamendienstjahren über die Gräfin Moltke gefällt hatte. In den ersten Jahren hatte sie ihr in einem pädagogischen Brief empfohlen, ihre »Lebhaftigkeit zu dämpfen« und nicht so oft übelzunehmen. »So werden Sie sehen, wie Sie von aller Welt geliebt und verehrt werden. Nichts untergräbt das Glück und besonders eine Häuslichkeit mehr, als wenn man sich der Empfindlichkeit überläßt, mag sie tausendmal gerecht sein. Sanftmut muß überall verzeihen, das ist die Stärke unseres Geschlechts.«

Die Königin sah es also als notwendig an, der Hofdame weibliches Rollenverhalten anzutrainieren, hatte aber wohl wenig Erfolg damit. Die Moltke war ihr zu bildungssüchtig, zu intellektuell; sie stellte ihr Wissen über ihr Fühlen, und das war in Luises Augen ein schweres Vergehen. Wenn unter dem Wissenserweb die Empfindsamkeit litte, schrieb sie 1803 zum Thema Moltke an ihre Freundin Marie von Kleist, »würde ich alle Bücher in die Havel werfen, denn die echte Empfindsamkeit ist das erste Gut des Menschen … Möge Gott mich davor bewahren, meinen Geist [wie die Moltke] zu pflegen und mein Herz zu vernachlässigen!« Sie muß an ihr rügen, daß sie Karoline Schlegel »göttlich findet, aber nicht versteht« und daß sie »lieber glänzen als geschätzt werden will«. Und noch 1807 in Memel kritisiert sie, daß die Moltke sich geistig für etwas Außerordentliches hält.

Neben der schöngeistigen Bildung Charlottes wird auch vielfach ihre politische bezeugt. Wenn 1805 von der »Kriegspartei« am Hofe die Rede ist, wird auch sie genannt. Ihr Napoleonhaß und ihr Standesbewußtsein werden Marwitz imponiert haben, als er sie 1807 in Ostpreußen kennenlernte, 1811 war sie Kleist eine ernst zu nehmende Diskussionspartnerin. Und noch die Greisin war so sehr von Politik bewegt, daß sie sich 1848 weigerte, über die Ereignisse in Berlin zu reden: ihr konservatives Gemüt hätte jedes Wort gegen den König zu sehr erregt.

Daß die politische Übereinstimmung zwischen den Eheleuten so ziemlich die einzige war, ist nicht auszuschließen; von Liebe zumindest ist in dem Überlieferten nirgends zu lesen; die Verbindung sieht eher nach einer verunglückten Vernunftehe aus. In den Aufzeichnungen des sogenannten Hausbuches, die Marwitz in unregelmäßigen Abständen vornahm, wird die Heirat mit folgenden Worten verzeichnet: »Die Unordnung in meinem Hauswesen und die Notwendigkeit, meine Tochter [aus erster Ehe] wieder zu mir zu nehmen, bestimmten mich, im April 1809 wieder zu heiraten. Ich nahm die Gräfin Moltke und empfand bald die guten Folgen dieser Wahl.« Das wurde 1815, also nach sechsjähriger Ehe, geschrieben. Fünf Tage nach seiner Verlobung aber (die am 11. März 1807 erfolgt war) hatte er in sein Tagebuch notiert: »Der 16. März 1807. Drei Jahre. - was ist der Mensch! - O, meine Fanny!« - und sich so des dritten Todestages seiner ersten Frau erinnert, deren nie verlöschendes Andenken der zweiten das Leben verbittert haben muß. Denn ehrlich und geradeaus wie er war, wird er der Frau, die ihm charakterlich zu ähnlich war, um konfliktlos mit ihm leben zu können, nicht verborgen haben, daß sie, die starke Persönlichkeit, die an seiner Seite auch etwas gelten wollte, nie solche Gefühle in ihm hervorrufen konnte, wie die scheue, langsam nur zutraulich werdende, dann aber ganz für ihn und über ihn lebende Fanny es tat.

1828 verfaßt er sein Testament, in dem er bezweifelte, daß die Witwe bei seiner Beerdigung anwesend sein würde. Als er 1832 begann, seine Nachrichten aus meinem Leben zu schreiben, deren Glanzstück seine Werbung um Fanny wurde, scheint er sich vorgenommen zu haben, keine Rücksichten auf die Gefühle seiner Frau zu nehmen, ihr vielmehr deutlich zu sagen, wie es um seine Gefühle stand. Dreißig Jahre nach Fannys Tod beschreibt er ausführlich ihr sanftes Wesen, das sich von dem Charlottes so stark unterscheidet; schreibend erlebt er noch einmal das Glück, das Fanny ihm brachte; er schließt mit dem Satz: »Ich war allein und bin es geblieben bis auf den heutigen Tag«, um dann eine Jenseitsvision anzufügen, die die Frau, die ihm zehn Kinder geboren hat (von denen für ihn nur die fünf Söhne zählen), durch Nichtbeachtung endgültig ins Nichts verdammt: In jenem himmlischen Leben ist Fanny »ganz mein und bleibt mein ... Wenn ich zu jenem himmlischen Tor eingehen werde, dann wird sie dastehn und mich einführen, dann werden wir vollkommener lieben, und auch ich werde liebenswerter sein. Ach - und meine drei vorangegangenen Söhne ..., die werden bei ihr stehen und auch mich empfangen und meine Brüder, die in den Schlachten fielen, - alle werden da und aller Schmerz wird vergessen sein.«

VI

Daß Fontane, der die Memoiren seines »Lieblings Marwitz« bis ins hohe Alter rühmte und (wie viele Historiker, bis auf unsere Tage) als anregende Geschichtsquelle benutzte, es in seinem Marwitz-Aufsatz der *Wanderungen* versäumte, ein Wort über die erzählerischen Qualitäten des Autobiographen zu sagen, hat seinen Grund auch darin, daß die gedruckte Fassung der *Nachrichten aus meinem Leben*, die er kannte und oft (allerdings, wie es seine Art war, sehr frei) zitierte, die erzählerischen Glanzstücke zum großen Teil nicht enthielt. Das 1852 in Berlin erschienene Werk in zwei Bänden *Aus dem Nachlasse Friedrich August Ludwigs von der Marwitz auf Friedersdorf, Königl. Preußischen General-Lieutnants a.D.* wurde von seinem anonymen Herausgeber (es war Markus Niebuhr, ein konservativer Politiker) in der Einleitung als »eine Errungenschaft des Jahres 1848« bezeichnet, womit gemeint war, daß die »erschütternde – lange noch nicht genug erschütternde – Mahnung« der Revolution neben dem Zusammenschluß der konservativen Kräfte auch eine Besinnung auf konservative Traditionen erzeugt und zur Herausgabe dieses Buches geführt hätte, als einer Partei-Schrift sozusagen, die zeitweilig in konservativen Kreisen fast kanonische Bedeutung besaß. Die Ausgabe war auch danach, nämlich gekürzt und teilweise verändert, in parteipolitischem Sinn. Harte Worte gegen den Adel und schroffe politische Urteile waren gemildert, Kritik an Friedrich Wilhelm II. und III. teilweise unterdrückt. Unehrerbietige Äußerungen über die Königin Luise (über die Marwitz durch die Gräfin Moltke viele Interna wußte) fehlten gänzlich, und vor den harmlosesten Familienintimitäten, mochten die nun marwitzisch, prinzlich oder königlich sein, scheute der Herausgeber zurück. Auf diese Weise wurden die persönlichsten Teile, die Selbsterlebtes zum Gegenstand haben, ganz oder teilweise unterschlagen; und das sind gerade die Passagen, die künstlerisch am wertvollsten sind. So fehlten zum Beispiel auch die wohl schönsten Seiten seiner Memoiren, die Fannys Verlobung, Hochzeit und Tod beschreiben; und der Herausgeber, der sicher auch auf die Familie Rücksicht zu nehmen hatte, bemerkte dazu in einer Fußnote: »Dieser Teil der Denkwürdigkeiten eignet sich zur Veröffentlichung nicht.« Erst 1908 wurde, von dem verdienten Historiker Friedrich Meusel, eine unverfälschte und vollständigere Ausgabe der Memoiren der Öffentlichkeit übergeben, aber da war Fontane schon zehn Jahre tot.

Dem Herausgeber von 1852 kam es auch weniger auf Marwitz' Erlebnisse als auf seine konservativen Meinungen an. Die Ausführungen über die Aufklärung, die Reformen, die Militärgesetzgebung, die Stellung des Adels in der Gesellschaft und über viele politische Probleme und historische Begebenheiten, die sich bei Marwitz oft verselbständigen und den Rahmen einer Autobiographie sprengen, waren bei Niebuhr relativ ausführlich wiedergegeben, während er realistische Erlebnisschilderungen, wie den Brand des Friedersdorfer Gutes, für entbehrlich hielt.

Als talentierter Erzähler erweist sich der politisch engagierte Autor vor allem, wenn er Selbsterlebtes berichtet und die Politik darüber vergißt: bei der frühen Begegnung mit König Friedrich, bei der Werbung um Fanny, beim Brand des Schlosses und bei seiner aufregenden Flucht nach Ostpreußen 1806. Die mitreißenden Ereignisschilderungen in kunstvoll wechselndem Tempo sind dabei genauso bewundernswürdig wie die historisch interessanten Details, die sparsam eingesetzt werden, und die im ganzen Buch bewährte Fähigkeit, Personen zu charakterisieren, manchmal mit einem Minimum an Worten, wie bei den vielen Leuten, die ihm auf der

Neben der Kirche steht in Friedersdorf das ehemalige Kavaliershaus des Schlosses, das man nach 1945 nicht, wie das Schloß, abriß, sondern verfallen ließ. Hans-Georg von der Marwitz, ein Enkel des 1945 vertriebenen Besitzers, hat es sich nach 1990 als Wohnhaus für seine Familie ausgebaut.

Flucht begegnen, und manchmal ausführlich, wie bei der Frau von Friedland, dem Prinzen Louis Ferdinand oder Schill. Die feste (man könnte auch sagen: festgefahrene oder starre) Meinung, die er von jedem hat, trägt dazu bei, den Porträts scharfumrissene Profile zu geben; sie schließt aber Differenzierung aus, Feinzeichnung liegt ihm nicht, er bevorzugt Holzschnittechnik; und sosehr es auch Freude macht, seinem stets kritischen Blick zu folgen, darf man diesen Blick doch nicht leichtsinnig zum eignen machen, denn er ist immer (was Marwitz auch nie zu verbergen trachtet) von weltanschaulichen und politischen Ansichten bestimmt. Wo Marwitz eindeutig haßt, wie bei Massenbach oder Hardenberg, ist das Bildnis besonders scharf, aber in seinem historischen Wahrheitsgehalt auch besonders problematisch (um nicht zu sagen: falsch); wo er aber zwischen Zu- und Abneigung schwankt oder seine Sympathien nicht auf seiner politischen Linie liegen, stellen sich Unschärfen ein, die aber auch reizvoll sind: so beim Bruder Alexander, so bei Friedrich Wilhelm, seinem König und Herrn.

Alexander von der Marwitz, den man aus seinen Briefen an Rahel und aus dem biographischen Abriß Fontanes besser kennenlernt als aus den *Nachrichten aus meinem Leben*, fühlte sich zwar seinem älteren Bruder, der Vaterstelle bei ihm vertreten hatte, immer verpflichtet, hatte sich aber in seiner inneren und teilweise auch äußeren Entwicklung von ihm und von den Adelsverpflichtungen (darin Heinrich von Kleist ähnlich) entfernt. Von seinen wechselnden Gefühlen für den Bruder, die zwischen höchster Verehrung und leiser Mißachtung schwankten, bekam nur Rahel zu erfahren, die dem älteren Marwitz, der sie nicht zur Kenntnis nehmen wollte, natürlich nicht zugetan war. »Ihr in alle Ewigkeit fertiger Bruder«, nennt sie ihn treffend in einem Brief an Alexander, und sie freut sich darüber, wenn sie ein Abrücken des Jüngeren von den Positionen des Älteren, dem er seinen »engen Gesichtskreis«, vorwarf, bemerkt. Varnhagen dagegen, der zeitweilig Grund zur Eifersucht hatte und beide Brüder genauer und länger kannte, betonte immer wieder, daß Adelshochmut und Mangel an Sozialempfinden beiden gemeinsam war. Ein Beispiel dafür gibt er in den *Denkwürdigkeiten*: Im Sommer 1807, als Alexander den Bruder, der in Ostpreußen sein Freikorps aufstellte, als Gutsherr vertreten mußte, hatte er sich Freunde nach Friedersdorf geladen, unter denen neben Schleiermacher und dem Verleger Reimer auch Varnhagen war. »Laue Abende der köstlichsten Art wurden bei Sternenflimmer im tiefen Schattendunkel hoher Bäume weit über die Mitternacht hinaus verlängert, und niemand mochte ans Schlafengehen denken, während die reinste Luft die Brust erfrischte und die edelsten Gedanken über Natur, Welt, Geschichte, Wissenschaft und Poesie ausgesprochen wurden; denn Marwitz hatte den Willen und die Kraft, immer das Höchste und Größte zur Sprache zu bringen und auch Schleiermachers oft hartnäckige Schweigsamkeit in schönen Redefluß aufzutauen.« Beim Abschied aber mußten die Gäste einen »tief verstimmenden Eindruck« mitnehmen, weil sie zu sehen bekamen, daß das sorglose Adelslandleben auf die Arbeit anderer gegründet war. Sie waren von Müncheberg aus zu Fuß gekommen und wollten zu Fuß auch wieder dorthin gelangen, aber Alexander bestand darauf, sie mit dem Fuhrwerk befördern zu lassen, und forderte von seinen Bauern dazu ein Gespann. Die stellten ihm vor, daß gerade »die Zeit der dringendsten Feldarbeit« wäre, sie vier Pferde für einen ganzen Arbeitstag nicht entbehren könnten und daß sie zur »Fronfuhre für die Herrschaft« auch nur verpflichtet wären, wenn ein landwirtschaftlicher Zweck damit verbunden sei. Doch Marwitz, empört über diese »halbdreiste« Beschwerde, erklärte, daß sie von altersher auch dazu verpflichtet wären, die Herrschaft zum Tanz zu fahren. Er forderte also »gebieterisch«, sofort zur »Tanzfuhre« anzuspannen; »und die armen Leute, die doch klar vor Augen hatten, daß nicht die Herrschaft und ebensowenig zum Tanze gefahren wurde«, mußten, tun, was ihr Herr befahl.

Sozialempfinden ganz absprechen kann man aber dem älteren Marwitz nicht; es ist nur ein eingeschränktes, auf den Adel, die Familie und die von ihr Abhängigen bezogenes, eines, das der Sozialität, die er verkörpert, entspricht. Mit diesem Adelssozialempfinden ist auch die Darstellung seines Verhältnisses zu Alexander verbunden. Im Grunde verdammt er dessen Umgang und halben Ausbruch, aber weil er ein Marwitz ist und er ihn wie einen Sohn liebt, mäßigt er sich dabei. Auch ist der Junge, wenn der Alte das schreibt, schon einen seines Adels würdigen Tod gestorben. Und trotzdem kommt am Schluß der Darstellung von Alexanders Leben die Strenge der unerbittlichen Pflichtethik wieder durch. Rückblikkend auf dieses in seinem Sinne verfehlte Leben, muß er »es ein Glück nennen«, daß Gott den Bruder »in seinem siebenundzwanzigsten Jahre für das Vaterland« sterben ließ.

Noch schwerer hat es der memoirenschreibende General mit Friedrich Wilhelm III. Den zum Herrschen wenig geeigneten Mann mit seinem Hang zu Ruhe und Frieden und einem bürgerlich aussehenden Leben beschreibt er mit einer ungewöhnlich scharfen Kritik. Andererseits ist Friedrich Wilhelm sein König; der adlige Offizier ist ihm zur Treue verpflichtet und hält diese, allen Zweifeln zum Trotz, auch durch. Um diesen Zwiespalt erträglich zu machen, versucht er, dem König auch gute Seiten abzugewinnen, womit die scharfen Umrisse, die andere Personen haben, verhindert werden, die Gestalt aber menschliche Züge gewinnt.

Der König ist es dann auch, der, als der General aus Ärger über seinen Chef, den späteren Kaiser, 1827 den Dienst quittiert, in seiner unbeholfenabgerissenen Sprache das passende Schlußwort zum Leben des F.A.L. von der Marwitz findet: »Immer nach Grundsätzen gehandelt!«

VII

Mit Pferdewechsel in Tasdorf und Müncheberg ritt der Kornett Marwitz von Berlin bis Friedersdorf viereinhalb Stunden; wenn er morgens halb drei Uhr aufbrach, war er zum Frühstück da. Wir brauchten, als wir Ende der siebziger Jahre mit dem Auto zum erstenmal die Fahrt machten, nur anderthalb Stunden, hielten uns aber auch, obwohl die Versuchung groß war, weder bei der imposanten Ruine der Müncheberger Marienkirche, noch beim Grabkreuz des Kleist-Freundes Pfuel in Jahnsfelde auf. Unter schattigen Eichen, Linden und Eschen ging es schnurstracks nach Osten. Bevor sich aber bei Seelow die Höhen ins Oderbruch senken, bogen wir südwärts ab in die von Wriezen kommende und nach Frankfurt führende Straße, auf der wir in zehn Minuten auch Dolgelin hätten erreichen können, wo Marwitz als Kind seine Begegnung mit Friedrich dem Großen gehabt hatte und wo heute an der Ruine der Feldsteinkirche eine jahrhundertelang durch den Turm verdeckte mittelalterliche Putzritzzeichnung zu sehen ist.

Unser Ziel aber lag näher. Von Seelow aus waren es nur drei Kilometer. Beidseitig erstreckten sich riesige Felder, von einem Bahndamm und von strauchwerkumstandenen Wegen durchschnitten, »furchtbar und lachend«, wie es in einem Brief Alexanders von der Marwitz an Rahel heißt. Um den von ihm als »großartig« bezeichneten Ausblick auf eine »meilenweite Ebene« mit der »größten Mannigfaltigkeit von Äckern, Wiesen, Dörfern und Städten« genießen zu können, hätten wir einen Spaziergang an den Rand des Barnim-Plateaus unternehmen müssen. Wir aber waren nur an Friedersdorf interessiert.

Durch den Ausbau der Fernstraße und vielfache Erweiterungen war das Angerdorf (das heute fast doppelt so viel Einwohner hat als zu Marwitz' Zeiten) als solches kaum noch erkennbar. Aber der Teich, der den Anger nach Süden abschließt, bildete noch immer ein freundliches Zentrum; und der Kirchturm, mit Laterne und barocker Schweifhaube, überragte, wenn auch unansehnlich und brüchig geworden, noch immer die Bäume; und über ihm stand noch immer, wenn auch verrostet und unbeweglich, die Wetterfahne mit den Marwitz-Initialen und der Jahreszahl 1743. Und die Uhr im Turm war noch da, nur zeigte sie, seit Jahrzehnten schon, immer die selbe Zeit.

Überall waren die Spuren des Krieges und der jahrzehntelangen Vernachlässigung unübersehbar, das Schloß aber war nicht zu finden. Ein alter Mann, der die Straße fegte, begann, als wir ihn danach fragten, sofort zu erzählen, aber nicht von dem, was wir wissen wollten, sondern von sich. Unsere Frage war eine nach dem Vergangenen, also sprach er auch von Vergangenem, das für ihn vor allem im Heimatverlust bestand. 1946 war er aus Pillau gekommen, so konnten wir in einem berlinischostpreußischen Dialektgemisch erfahren, mit dem Fahrrad, wie er mehrmals versicherte, vor Hunger und Kälte halbtot. In der ersten Nacht hatte er

Durch Friedersdorf führt die Bundesstraße 167, die von Frankfurt bis Bad Freienwalde das Oderbruch in seiner ganzen Länge begleitet. Friedersdorf liegt auf der Hochfläche, hat aber seine fruchtbarsten Äcker unten im Bruch.

im Haus neben der Kirche geschlafen, im Kavaliershaus, wie die Leute es nannten. Das war auch ruinös gewesen, hatte aber ein Dach noch gehabt. Um Mitternacht waren viele Ritter, mit Schwert und Rüstung, durch seine Stube gezogen, das waren die Marwitze, die doch in und neben der Kirche begraben liegen. In der ersten Nacht war seine Angst groß gewesen, dann aber war er mit ihnen vertraut geworden, bis er umziehen mußte und die Marwitze nie wiedersah. Tot, gab er uns zu verstehen, sind die Toten nicht.

Auf unsere erneute Frage nach dem Schicksal des Schlosses zeigte er uns dessen Reste. Es hatte auf dem Ödland südlich des Teiches in der Nähe der Kirche gestanden. Als er aus Ostpreußen mit dem Fahrrad gekommen war, hatte der zerstörte Bau ein Schloß noch erkennen lassen. Später, 1947, hatte man die dicken Mauern gesprengt.

Wo nach dem Krieg zwei Grundstücke mit Häusern entstanden waren, hatte früher der Garten mit seinen Rondells und Bosketten zum Schloß hingeleitet, einem zweigeschossigen Bau mit weißgrauer Schinkel-Fassade, die Fontane dem Phantasiebild eines Schlosses entsprechend genannt hatte, nicht unbedingt schön, aber doch pittoresk. Wenn Alexander im Bibliothekszimmer saß, um Rahel zu schreiben, sah er hinter den Blumenbeeten die zwei Obelisken, die die Einfahrt markierten und zwischen Kastanien hindurch den Teich.

Mit dem Obelisken waren auch die Bäume verschwunden; sicher waren mit ihnen in den Nachkriegsjahren die Öfen geheizt worden. Zurückgeblieben waren Ödland und ein strauchüberwachsener Trümmerhügel. Kletterpfade, die sich Kinder durch die Wildnis gebahnt hatten, schlängelten sich über Mauerbrocken zu gefährlichen Löchern, die in halbverschüttete Keller führten. Eine Freitreppe begann und endete im Schutt. Das Kavaliershaus und zwei Wirtschaftsgebäude (nicht der Gutshof, der liegt mit seinen hohen Speichern auf der anderen Seite der Straße) waren erst neuerdings dem Verfall überlassen worden. Ein Gebäude war schon in sich zusammengesunken. Dem Haus, in dem der alte Mann seine Rittervisionen erlebt hatte, fehlten Fenster und Türen, Dielen und Öfen. Das dritte altersschwache Gebäude wurde noch als Scheune genutzt.

Die Kirche, die Fontane ihrer historischen Erinnerungen wegen ein Sanspareil, ein Ohnegleichen, genannt hatte, steht mit dem Turm zur Straße gewendet und schien auf den ersten Blick zwar vernachlässigt, aber intakt zu sein. Das Dach war erhalten, das Portal verriegelt, und daß die Turmuhr defekt war, besagte wenig, denn auch andernorts waren die alten Uhren nicht mehr in Gang. Bedenklich war nur, daß Wege und Treppen zwischen Fahrbahn und Kirche keine Spuren von Benutzung und Pflege aufwiesen. Das Unkraut wuchs bis dicht an das Kirchenportal heran.

Wie sehr der Eindruck von Intaktheit täuschte, wurde klar, als wir uns nach einem Dorfrundgang der Kirche von Osten näherten, vom ehemaligen Schloßpark her. Im Schatten alter und neuaufgewachsener Bäume wurde hier eine Ruine sichtbar, die schon von Grün überwuchert war. Es war der Chor der ursprünglich mittelalterlichen Kirche, den 1945 eine Granate getroffen hatte. Die Feldsteine der dicken Umfassungsmauern, die das 18. Jahrhundert mit Putz bedeckt hatte, waren nun wieder sichtbar. Wo einst der Altar gestanden hatte, wuchsen Sträucher und Bäume. Am Sandsteinepitaph eines Marwitz von 1717 hatten Regen und Schnee die barokken Formen schon abgeschliffen; zwei kleinere Epitaphe aus unserm Jahrhundert hatten den Witterungseinflüssen getrotzt. Der Nebeneingang der Kirche, durch den wir in die Ruine gelangten, war früher den Schloßbewohnern vorbehalten gewesen; sie konnten durch ihn, ohne das Kirchenschiff betreten zu müssen, in die Patronatsloge gelangen. Flankiert wurde der Eingang im Inneren früher von berühmten Grabsteinen: von den fast lebensgroßen figürlichen Darstellungen des Feldmarschalls Görtzke und seiner Gemahlin aus dem 17. Jahrhundert und dem Doppelgedenkstein, den F.A.L. von der Marwitz seinem Vater und seinem Onkel hatte errichten lassen. Wo sich die Görtzke-Steine befunden hatten, waren jetzt Leerstellen, weil man die Kunstwerke in die Komtureikirche von Lietzen geschafft hatte. Der Stein für Johann Friedrich Adolph von der Marwitz aber stand noch an alter Stelle, doch war die provisorische Wand, die den zerstörten Chor vom noch überdachten Kirchenschiff trennte, darüber gemauert worden, so daß von der oft zitierten Inschrift: »Sah Friedrichs Heldenzeit und kämpfte mit ihm in allen seinen Kriegen. Wählte Ungnade, wo Gehorsam nicht Ehre brachte« nur noch die Worte »Heldenzeit«, »Kriegen«, und »Ehre brachte« zu lesen waren.

In nicht weniger traurigem Zustand als die halbzerstörte Kirche war der Familienfriedhof an deren Nordseite, dem der Schrottplatz der Gemeinde benachbart war. Die die Begräbnisstätte umgebende hohe Mauer hatte sie vor Vandalismus nicht schützen können, und der Wildwuchs von Jahrzehnten hatte die kleine Anlage kaum noch begehbar gemacht. Grabsteine waren umgeworfen oder von der Wand gerissen worden, und offensichtlich hatten auch Grabräuber den Platz nicht verschont.

Eine Besonderheit dieses Kirchhofs waren die ausführlichen Grabinschriften, die anderthalb Jahrhunderte preußisch-deutscher Geschichte lebendig werden ließen, von der Napoleon- über die Kaiser- bis zur Hitlerzeit. Kriege hatte es in diesem Zeitraum viele gegeben, in allen waren die Marwitze Offiziere gewesen, und wenn sie gefallen waren, hatten sie hier ihren Gedenkstein erhalten, so daß innerhalb des Familienfriedhofs ein kleiner Soldatenfriedhof entstanden war. Der 1923 hier aufgestellte »Trauernde Krieger«, ein frühes, offensichtlich von Rodin beeinflußtes Werk des späteren Muskelprotz-Bildhauers Thorak, war von Gesträuch überwachsen. Der Stein des Rahel-Freundes Alexander war aus der Wand gerissen und umgestürzt worden, die lange Inschrift, die man bei Fontane nachlesen kann, von Mauerbrocken verdeckt.

Es gab auch gepflegte Gräber, aber die lagen vor der Friedhofsmauer und deckten sowjetische Soldaten, die im April 1945 hier ihr Leben gelassen hatten. Die Mauer war nur hinter dieser Grabstätte neu verputzt worden. F.A.L. von der Marwitz, der Memoirenschreiber, war auch der Gründer dieses Familienfriedhofs gewesen. Während seine Vorfahren in der Gruft beigesetzt worden waren, liegen er und seine Nachkommen hier. Die meisten Grabplatten waren, wenn auch zerstört, noch vorhanden. Der älteste Grabstein war der seiner ersten Frau, der allen Lesern der *Nachrichten aus meinem Leben* unvergeßlichen Fanny. Besonders in seinen unteren Teilen war der Sandstein schon reichlich verwittert. Die oben stehenden Worte »Hier liegt mein Glück« waren noch lesbar, die darunterstehenden Zeilen aber, mit denen Marwitz seinen Schmerz verewigen wollte, waren so gut wie vergangen:

»Caroline Franziska Grafin Brühl
ward geboren 1783, den 23. März,
vermählt 1803, den 12. May
an Friedrich August Ludwig von der Marwitz
Erbherrn auf Friedersdorf
Der verließ sie gesund am 14. März 1804
Vierzehn Tage nach einer glücklichen Entbindung,
kehrte am 16. zurück und fand sie tot!
Sie war die Freude aller, die sie kannten.«

Durch die erzählenden Grabsprüche des Generals, die seine Nachkommen dann nachzumachen versuchten, wurde dieser verwüstete und verwilderte Kirchhof auch zu einem Lektüre-Erlebnis, nach dem man die charakterisierten Individuen etwas zu kennen glaubte. Erfuhren wir über Alexander, den Bruder, unter anderem: »Lebte für die Wissenschaften. Erstieg deren Gipfel. Redete sieben Sprachen«, so von der zweiten Frau, der Gräfin Moltke, daß sie »im bösen Jahre« 1848 starb. Bernhard, der einzige überlebende Sohn des Generals, der Fontane 1860 Einblick in die Familienpapiere gewährte, war »ein Ritter ohne Furcht und Tadel«, ein Sohn von ihm »kämpfte für die Einigung Deutschlands 1870/71«, und ein Enkel fiel 1904 in Deutsch-Südwest. Vererbt wurde in der Familie anscheinend auch die literarische Neigung. Neben der Gräfin Moltke schrieb auch eine jüngere Schwester des Generals, eine verheiratete von Rochow, ihre Memoiren, die eine Nichte von ihr, die unverheiratet blieb und deshalb in Friedersdorf begraben wurde, zu Anfang unseres Jahrhunderts veröffentlichte; und ein moderner Marwitz, wieder ein Bernhard, war ein talentierter Dichter, der mit Rilke korrespondierte und, noch jung an Jahren, 1918 fiel.

Die Trauer, in die uns das alles versetzt hatte, steigerte sich noch im erhalten gebliebenen Teil der Kirche, weil dort das zum Tode verurteilte schöne Alte noch sichtbar war. Der junge Theologe, der uns führte (und von dem sich die Kirche bald darauf trennte), teilte weder unser Geschichtsinteresse noch unser Entsetzen darüber, daß man die amputierte

Im April 1945 erstürmten die sowjetischen Truppen unter großen Verlusten die Höhen, die das Oderbruch nach Westen abschließen. Von der Gedenkstätte für die gefallenen Soldaten bei Seelow hat man einen weiten Blick in das flache Bruch.

Kirche, die an ihrem östlichen Ende bei der Patronatsloge und den Resten der barocken Kanzel endete, langsam verkommen ließ. Er fand es unsinnig, für ein Andenken an die unheilige Allianz zwischen Gutsherrschaft und Kirche noch Geld auszugeben, nannte sich einen Seelen-, nicht aber Museumshirten und bezeichnete alles, was wir da sahen als Plunder: die schöngeschwungenen Doppelemporen, deren Brüstungsfüllungen mit ihren Bildern und Inschriften fehlten, das am Boden verstreut umherliegende Schnitzwerk und die einst prächtigen barocken Epitaphe an der Südwand, von deren eingelegten Bildnissen nur noch die leeren Ovale kündeten. Eines davon, Öl auf Metall, war noch im Pfarrhaus erhalten: das Porträt des 1704 gestorbenen ersten Friedersdorfer Marwitz, von drei Kugeln durchbohrt.

Die nächsten Besuche in Friedersdorf waren weniger deprimierend, weil wir auf Leute trafen, die das Verlorene bedauerten und das noch Vorhandene zu erhalten suchten. Da war eine Dreiundachtzigjährige, die als junges Mädchen im Schloß gedient hatte, von der Schönheit des Gartens und der Inneneinrichtung schwärmte und noch die Lage sämtlicher Räume im Kopfe hatte, einschließlich des Sanktuariums, von dem sie aber nicht sagen konnte, wozu es benutzt worden war. Vor allem aber war dort auch Thomas, ein strohblonder Fünfzehnjähriger, der den Kirchenschlüssel bewahrte, den Friedhof begehbar machte, das von Grabräubern aufgebrochene Tor reparierte, sich als Fremdenführer betätigte und sich dabei ein Wissen über die Marwitze aneignete, das die immer zahlreicher werdenden Besucher, die das wachsende Interesse an Preußen hierher brachte, verblüffte. Er wuchs an der Aufgabe, die er sich selbst gestellt hatte, und konnte bald, ohne mit dem berechtigten Stolz des Autodidakten hinter dem Berg zu halten, über die Vergangenheit Friedersdorfs reden, als sei er dabei gewesen und habe von den hier Begrabenen diesen oder jenen persönlich gekannt.

Die Hoffnung auf Wiederherstellung der ruinösen Kirche, deren Turm einzustürzen drohte, kam erst mit dem DDR-Ende, mit der deutschen Einheit und mit der Heimkehr eines Enkels des 1945 vertriebenen Marwitz, der im Herbst 1990 auf gekauften und gepachteten Äckern einen Landwirtschaftsbetrieb begann. Er hauste anfangs mit seiner schwangeren Frau auf dem Gutshof in einem Wohnwagen und kümmerte sich schon im ersten Jahr nicht nur um notwendige Wohnhaus- und Stallbauten, sondern auch mit um die Kirche - deren erneuerter Turm mit vergoldeter Wetterfahne und einer Uhr, die wieder die richtige Zeit zeigt, bei der Ankunft im Dorf heute als erstes ins Auge sticht.

Den Schuttplatz, auf dem einst das Schloß gestanden hatte, bedeckt heute Rasen. Die Ruine des Kavalierhauses ist zu einem ansehnlichen Wohnhaus geworden, und der Familienfriedhof, dessen wichtigste Grabplatten sich noch beim Restaurator befinden, ist aufgeräumt und vom Wildwuchs befreit.

An die Schreckenstage des April 1945 wird nicht nur durch die Gedenksteine für die sowjetischen und die deutschen Kriegstoten vor der Friedhofsmauer erinnert; sie wurden auch eines Sonntags zum Thema, als Hans-Georg von der Marwitz im alten Speicher, den man zum »Kunstspeicher« gemacht hat, den Friedersdorfern aus den Tagebuchaufzeichnunen seines Großvaters vorlas. Die letzen Tage vor dem Inferno, das als Schlacht um die Seelower Höhen in die Geschichtsbücher einging, wurden da wieder lebendig. Manch alte Frauen, die den Kanonendonner von den Oder-Brückenköpfen, die vergeblichen Hoffnungen, die Todesängste und den von Marwitz organisierten Treck des ganzen Dorfes nach Westen als junge Frauen miterlebt hatten, begannen zu schluchzen. Selten hat man bei einer Lesung so viele Tränen fließen sehen.

Mit dem Wiederaufbau der Kirche war schon im ersten Jahr der deutschen Einheit mit Hilfe von Förder- und Spendengeldern begonnen worden. Im Advent 1993 konnte schon ein Benefizkonzert in ihr stattfinden. Sie war nun neuüberdacht und hatte Chor und Apsis wieder: Der Gedenkstein für den Marwitz, der, statt eigner Unehre, des Königs Ungnade wählte, war wieder vollständig lesbar; aber am Innenausbau war noch nichts getan. Bei Kerzenlicht saß man dichtgedrängt in der noch altar- und kanzellosen Kirche und fühlte weder die Kälte noch die Härte der provisorischen Bretterbänke. Es war eine Stunde der Hoffnung für einen, der in Jahrzehnten soviel Märkisches hatte verfallen sehen.

ORTS- UND PERSONENREGISTER

DIE AUTOREN

GÜNTER DE BRUYN, geboren 1926 in Berlin, lebt seit 1963 in Ostberlin und in der Nähe von Beeskow, im Märkischem. Er veröffentlichte neben den Romanen »Buridans Esel«, »Preisverleihung« und »Neue Herrlichkeit« zahlreiche Essays sowie die Erzählung »Märkische Forschungen« und die Biographie »Das Leben des Jean Paul Friedrich Richter«. Er wurde unter anderem mit dem Heinrich-Mann-Preis, dem Heinrich-Böll-Preis und dem Großen Literaturpreis der Bayerischen Akademie der Künste ausgezeichnet. Im Oktober 1997 wird er den bayerischen Jean-Paul-Preis erhalten.

BARBARA KLEMM, geboren 1939 in Münster, arbeitet seit 1970 vor allem als Redaktionsphotographin bei der Frankfurter Allgemeinen Zeitung. Zwischen 1969 und 1991 gab es in mehreren Ausstellungen ihrer Arbeiten in großen Museen. 1989 erhielt sie den Dr.-Erich-Salomon-Preis der Deutschen Gesellschaft für Photographie sowie die Hugo-Erfurth-Auszeichnung der Stadt Leverkusen.